十力丛书

存斋随笔

熊十力 著

上海古籍出版社
上海书店出版社

图书在版编目(CIP)数据

存斋随笔 / 熊十力著. —上海：上海古籍出版社，
2018.12
（十力丛书）
ISBN 978-7-5325-9066-7

Ⅰ.①存… Ⅱ.①熊… Ⅲ.①熊十力(1885-1968)
－哲学思想－文集 Ⅳ.①B261.5-53

中国版本图书馆 CIP 数据核字(2018)第 283098 号

存斋随笔

熊十力　著

上海古籍出版社出版、发行

（上海瑞金二路 272 号　邮政编码 200020）

(1) 网址：www.guji.com.cn
(2) E-mail：guji1@guji.com.cn
(3) 易文网网址：www.ewen.co

常熟市文化印刷有限公司印刷

开本 635×965　1/16　印张 11.75　插页 2　字数 122,000
2019 年 1 月第 1 版　2019 年 1 月第 1 次印刷
印数：1—2,100
ISBN 978-7-5325-9066-7

B·1081　定价：42.00 元
如有质量问题，请与承印公司联系

"十力丛书"出版缘起

大约在 2006 年,我动念想出版熊十力先生的书,遂与熊先生后人联系。其时我不过是初入出版界的资浅编辑,没想到万承厚女士欣然慨允,给予我极大的信任。万女士为此事咨询王元化先生,元化先生又委托时任上海书店出版社社长的王为松先生主持出版事宜,事情很快落实,由当时我所在的世纪文景公司与上海书店出版社联合出版。

熊十力先生的曾孙女熊明心博士参与了丛书的编校工作,现代新儒家的传人罗义俊先生担任丛书的学术顾问。罗先生不顾久病体弱,亲自参与审稿或复校。王元化先生则将旧文中有关熊先生的片段连缀成《读熊十力札记》以代丛书序,并在前面写了一段引言,据说这是王先生亲撰的最后文字。丛书自 2007 年 8 月起陆续出版,历时两年,而王先生于 2008 年 5 月去世,未及见到丛书出齐。

转眼间十多年过去了,万女士也于今年仙逝。今由上海古籍出版社联合上海书店出版社再版"十力丛书",因记其始末。新版"十力丛书"改正了不少初版未校出的错讹和不当的标点,将初版遗漏的《论六经》与《中国历史讲话》《中国哲学与西洋科学》等合为一册,《熊十力论学书札》增补了若干新发现的书信,"十力丛书"庶几完备焉。

当时为初版所撰"出版说明",仍录于下:

1947 年门人刘虎生、周通旦等于熊先生家乡谋印先生著作,名

1

之曰"十力丛书"。盖先生亲定名焉。丛书原拟印先生前期主要著作,因赀力不继,仅印出《新唯识论》语体本及《十力语要》各千部。先生晚年自筹付印《与友人论张江陵》《原儒》《体用论》《乾坤衍》诸书,亦以十力丛书为名,显见先生续成之意。然亦止成数百部以便保存而已。今汇集出版先生前后期主要著作,成为一完整系列,仍决定沿用"十力丛书"之名,亦为完成先生夙愿云。

本丛书编辑体例如下:

一、采用简体横排,以广流传。

二、以原始或原校较精之版本为底本,并参考其他版本点校。

三、依熊先生原文之句读,重施标点。通假字保留;异体字酌改为通行字;凡显系手民误植者,径改不出校记。

四、引文约引、节引或文字与出典稍有出入处,一般保持原貌;与出典差异较大者,予以说明。引文或正文少数缺略的内容有必要补出者,补入文字加〔 〕。原版个别无法辨识的文字以□示之。

补记:《新唯识论》立"翕阖成变"之义,系熊十力哲学的重要概念,为尊重故,丛书中与此相关的"阖"字不简化成"辟",而写作"阖"。另外适当照顾作者的用字习惯,如"执著"之"著"熊先生习惯写成"着",古印度论师世亲之兄,熊先生也写作"无着",今亦仍其旧。

刘海滨

2018 年 12 月 5 日

目录

存斋随笔

题　记

《存斋随笔》作于 1963 年，1993 年由台北鹅湖出版社出版。
此次出版即以此为底本，参照上海远东出版社 1994 年本。

《存斋随笔》原稿作者自题书名

自　序

存斋者何？诸葛公曰，"使庶几之志，揭然有所存，恻然有所感"云云。余平生以此自勖，名吾坐卧之室曰存斋。感者何？吾人与万物痛痒相关之几，动乎不容已者，是为感。存者何？吾人内部生活，含藏固有生生不已、健健不息之源，涵养之而加深远，扩大之而益充盛，是为存。惟存也，故能感万物之痛痒。不存，则其源涸，而泯然亡感矣。（泯然，灭绝之貌。亡，无也。）余以存斋名吾室，不敢不有所存也。**随笔者何？平居，观物返己。**人心非如木石之无知，日常接触大自然，决不能梦梦然度过，必于万物万事，时有所观察。人皆如是，我亦如是。己者，自己。返者，返而向内，求诸自己身心之间，体会吾人生生之源，与日常生活内容之为光明、为黑闇、为丰富、为贫乏。此必不可不自明自辨，不可下坠以同乎禽虫之不自觉也。《易》之《观卦》曰，"观我生"云云，大哉言乎！富哉言乎！**有时兴怀，**兴，犹起也，动也。怀者，胸怀，谓意中起想。**则信手写出。**信者，纵任之谓。任手之提笔挥去，而未常以意匠经营于其间也。（意匠者，如为弘廓深密之论文，则其用意于千条万绪之分析，与贯穿于散殊繁赜之中，以会其大通者，必刻意经营，犹如工

5

匠运用其技术之巧，故云意匠。刻意者，言其用意极深沉与严刻，大处无不究，细处无不入也。）今信手挥笔，不同于有意持论，故非意匠经营之作。初无预立之题目，写成后，亦可立题目。写来不论长言与简说，而都无体系、无组织，随时随机所写，或不甚爱惜而毁去，或偶尔觉得颇有意思，甚至对于学术思想之研究不无可供参考处，于是汇集而名之曰《存斋随笔》。夏历癸卯年正月元日，公元一九六三年一月二十五日。熊十力识于上海寓舍。

右序是本书初起草时所写。原拟为语录体，今第一卷写成，阅者皆谓当为专书，不应纳入随笔中。余仍列于随笔中，为正篇。向后或多有短文，可汇集为杂篇，以次分卷。杂文及语录，有可存者，不妨以外篇名之，亦纳于随笔中，不必为单行本也。癸卯仲冬漆园老人补记。

存斋随笔卷一

略释十二缘生

释迦氏倡导出世法，盖未认识生命之本性，而以迷闇势力当作生命。释迦没后，其徒分派争鸣。自小乘以至大乘，虽各有所持，至于以一切众生要因烦恼而得有身，终不因身有烦恼，见《涅槃经》卷四十，第四页。烦恼即惑之别名。凡人于事理有不了解时，便谓之惑，则此惑字只是空泛的名词。今此云惑者，则特指一种黑闇的势力叫作惑，不是空泛名词也。烦，扰也。恼，乱也。惑是扰乱性，故亦名烦恼。学者试细玩"因烦恼而得有身"云云，则是以烦恼为众生的生命，说得明明白白。佛家大小众部，部，犹宗派也。用唐贤译名。一致承传释迦本旨，未有变易。十二缘生，始于迷闇势力之论，由小传大，大亦同遵。大者，大乘。小者，小乘。而《涅槃》为两大共宗之经，大乘分空有二宗，故云两大。其以身所从生，本于烦恼，则与十二缘生论之大旨，果何所异乎？

总之,佛家视生命为迷阇,为如幻如化。通玩其一切经论,无不如此。今日学术发展,门类綦繁。哲学家有暇治佛籍者,或不必甚多。佛家生命论实以《杂阿含》十二缘生论为根本,所谓《大空法经》是也。大者,赞美之词。空者,空无。佛之立教,欲人对于宇宙人生,一切都作空观。若不能观空,而执之为实,将如蚕作茧自缚耳。此处法字,谓佛之教义。经者,佛说缘生义,弟子记录成书,而尊之日经。经,常也,以其为不可易之道也。说古义,如以简单之辞总括,读者难获通深之解。通者,通达。深者,深入。且十二支,向无善疏。疏者,注疏。今且引《杂阿含》文,疏明于后。学者将由此而可识佛法之大略,庶几得失易辨矣。今当引释十二缘生。引者,引用《杂阿含》佛说十二缘生之文也。释者,余随文而为注释也。十二缘生者,《杂阿含经》言,"云何为《大空法经》,所谓此有故彼有,此起故彼起"云云。释迦首以缘生义说明万物都无自体。无自体故,即是空。此经发明缘生义,是乃《大空法经》也。姜生问:《大空法经》之文,或是后来龙树学派所增窜?余曰:缘生义创明于释迦,龙树祖述释迦则无疑。"谓缘无明行,缘,犹因也。此言无明为行,作发动因,令行得起故。(为字,读若卫。)问:此言发动是何义?答:行之得起,以无明为其发动之因,并非谓行无自性,是由无明创造出来也。譬如稻禾生起,虽有种子为自性因,而无水土毕竟不生,应说水土是稻禾生起之发动因也。自此以下,凡言缘者,皆是助因,不得为自性因。缘行识,此处缘字是助因。后凡言缘者,皆准知。此言行为识作助因,令识得起故。为,读若卫。……乃至纯大苦聚集"云云。凡引古书之文,适可而止。向下不更引,则以云云二字结束。他处未注者,均仿此。乃至者,中间尚多,不及一一列举,即以乃至二字总括之。此佛书之辞例也。以上见宋天竺僧译《杂阿含经》卷十二,第二十页,清季,常熟刻经处本。十二缘生,亦称十二支。支,犹分也。以名义言,则有无明与行等等分别;以数计之,则有十二。

十二支表。

　　初、无明支。

　　二、行支。

　　三、识支。

　　四、名色支。

　　五、六处支。

　　六、触支。

　　七、受支。

　　八、爱支。

　　九、取支。

　　十、有支。

　　十一、生支。

　　十二、老死支。

　　据《杂阿含经》卷十二说十二缘生，即从"无明"，乃至"老死"。缘生亦名缘起。释迦以为，宇宙万有都不是有独立或固定的自体，人生亦决不可作实有观，只是一切现象互相缘而有。如此为彼作缘，而彼得有；为，读若卫，下同。彼又为彼彼作缘，而彼彼俱得有，是名缘生。夫言缘生，必分别诸缘为几支，否则缘生无从说。因此，分立十二支。初，无明支。二，行支。三，识支。四，名色支。五，六处支。六，触支。七，受支。八，爱支。九，取支。十，有支。十一，生支。十二，老死支。《杂阿含》卷十二云："所谓缘无明行，中译佛书，造句太浑简，又不用介词，颇令读者难通。缘无明行者，言无明为缘，遂有行与之同起。所谓此有故彼有是也。向下诸支，皆可类推。缘行识，言行为缘，遂有识与之同起。与上句同一作法。此下诸句，不再注。

9

缘识名色,缘名色六入处,亦简称六处。缘六入处触,缘触受,缘受爱,缘爱取,缘取有,缘有生,缘生老死。"如上十二支,成立缘生义。以此说明人生所由生,宇宙所由始,反对大自在天造成万物之谬说。释迦氏天才卓然,于斯可见。若其观察人生坏的方面,至为深透,足资猛省也。

今将十二支略释于后。初释无明。无明者,谓有一大迷闇势力,而给他一个名字,曰无明。余昔为诸生说无明义,为,读若卫。聪明者多乐闻之,而未免自迷。诸生曰:宇宙人生,同出于一大迷闇势力。诚哉然也。如人类从无始来,积世、积人、积智,凡所为格物穷理之业,自矜知识宏富矣。然试稍一沉思,古今人无量知识,毕竟同归无知已耳。夫知识精确,莫盛于科学。科学发见自然规律,乃得制御其繁赜之变,而利于行。其明征定保,孰得而否认乎?明征,言明明有证验也。定保,借用《诗经》之词。保者,保证。定者,决定。然试进而深问物质有无来源,则科学亦只是假定物质为实有,无可向上更问。科学方法之所得使用,毕竟有界限故。庄子有言,"知止乎其所不知"云云。科学知识终不能逾越界限而破迷闇之坚城也。终不能三字,一气贯下。若乃古今哲学名家,对于宇宙人生诸大问题强探力索,以求解决,可谓大雄爱知矣。卒至解悟不齐,持论不得不互异,是非蜂起,斗争莫息,将谓宇宙本无有真理可共证欤?何若直说宇宙纯是一团迷闇势力,人皆禀闇德而生,未得有正知欤?印度数论有所谓闇德,与无明同,此借用之。诸生之以无明为快谈也如是。吾惧其将自陷于长夜,尝痛戒之。人生如果是禀受迷闇势力而生,则一切人当如土石之无知,而科学上层出不穷之精确知识,哲学家许多神解、眇论,将从何得有乎？解悟深远而不由推论得来，故曰神。眇，犹精微也。且人生毕竟有忘我利他的崇高道德发自良知，利他二字，借用佛典。他，谓他人或众生。何可轻以迷闇毁人性乎？余在此中不及申辨。恐文字太繁。惟考释迦十二缘生义，其言人生本命，本命，犹云本有的生命。此词借用《大戴礼》。实以迷闇势力，所谓无明为导首。导者，引导。首者，大始。众生的生命，元是无量惑的势力聚成一团而已。一切惑皆依无明而始，故无明于诸惑中为始、为大，而称首也。无明能引生众惑及无量苦，故曰导。无明有多数异名，异名，犹云别名。曰痴、曰惑、曰烦恼、曰愚、曰无知、曰黑闇，此但略举之耳。《涅槃经》卷四十一第四页云："善男子，一切众生，身及烦恼俱无先后，一时而有。一时，犹云同时。虽一时有，要因烦恼而得有身，终不因身有烦恼也。如炷与明虽一时有，炷者，灯炷。古时用一种草，渍油燃之，而发光明。其所燃草，名炷。明要因炷，炷，是光明发生之因，以比喻烦恼是身躯所由生起的因。终不因明而有炷也。"光明是以炷为因而始有，不是炷因明而有。以此比喻身躯是以烦恼为因而始有，不是烦恼因身而有。按烦恼一词，即是迷闇势力之别名。《涅槃经》说，"要因烦恼得有身"，则是迷闇势力乃身所以得有之因。易言之，迷闇势力即是斡运乎身中之生命。斡者，主领之谓。运者，运行。《杂阿含经》卷十二第八页有言"无明不断，爱缘不尽，无明，即是迷闇势力之别名，已见前。断，读若旦，犹云断灭。爱，犹贪也，非仁爱之谓。迷闇势力是身所以得有之主因，贪爱是身所以得有之助因。爱缘之缘，乃助因也。尽者，灭尽之谓。若迷闇势力不断灭，则贪爱亦不得灭尽。身坏命终，还复受身"云云。由贪爱势力得迷闇势力为之主，贪生不已，故今生命终，还复受身也。此类文句在《阿含》中屡见。然则身之得有，是以迷闇势力为因，小乘诸部皆继承释迦，无异论。此乃释迦立教之本旨。大乘空有二宗继小乘而兴,《涅槃经》则大空、大有共宗之要典也。大乘所宗之经与论,其最重大精要者,皆是集合众家之记载而成。《涅槃经》是大空、大有同归之宝典。此经大概完成于大有之手,而采择大空诸师及大有诸师之众说,融会贯穿,而称为释迦氏最后之遗教。大空者,大乘空宗之省称。大有者,大乘有宗之省称也。《涅槃经》说烦恼是身所以得有之因,其云烦恼者,专指迷闇势力,确承《杂阿含》十二缘生中之初支无明是也。

已说无明,次释行支。行者,造作之谓。旧说行在五蕴中属行蕴。行字是造作义。释迦氏说行有三:意中微动,是名意行;感物而动,其始虽微,而身语二行之强盛,自此开端。动而猛,出诸口,是名语行;猛者,其势盛而不容已也。动而猛,显诸行动,是名身行。

经云"缘无明行"者,经,谓《阿含经》,后皆仿此。谓身、语、意,一切复杂诡怪的造作,皆由迷闇势力为缘,方得生起。缘,犹因也。此中生起一词,犹云发现出来。行的本身必得无明为发动因,乃能生起。以下各支皆仿此。一切行皆由迷闇势力引起,故知一切行都无有正行。窃叹人生百年犹若刹那,设有寿过千岁,我说千岁亦复如刹那。何以故?千岁在无穷无尽之时间中,短促至极故。人生身行种种无道,语行种种无道,意行种种无道,甚至祸及人类,毒流后世。试问造作诸巨恶者,返躬自问,何忍出此?则亦为迷闇势力所驱之而动,彼亦不自知所以耳。

已说"缘无明行",次释识支。识者,虚妄分别之谓。虚妄分别一词,见《瑜伽师地论》及《辨中边论》等,其义实根据《阿含》。次引经云:"缘行识。"经,指《杂阿含》,后皆仿此。识者,心之别名。他处未注者,亦均仿此。释迦氏说识有六：一者眼识，二者耳识，三者鼻识，四者舌识，五者身识，六者意识。释迦氏以为，六识缘外境而起种种分别，皆不应正理。此处缘字有攀援与思虑二义，心常接触外境而起思虑故。不应，犹云不合。故后学演其义而名之曰虚妄分别。

经云"缘行识"者，谓六识之生起，实以一切造作为其助因故。自此以下诸缘字，皆是助因，可复看前文。世人皆以为由有识故，方起造作。释迦氏则察见由有迷闇势力故，才引动一切造作的势力发生。同时又由造作势力引动识的势力发生。引者，牵引，犹云牵动。如豆芽之生，由水为助因，牵动豆芽从种子生起耳。识虽以行支造作为助因而得起，但识却是与行支造作同时俱有，不先不后。注意。犹复应知，无明与行及识三支，都是同时俱有，切不可将此三支分成后先次第。即三支以后诸支，亦多数与三支同时俱有。若复有人妄说太初只有无明即迷闇势力。能生万法，万法，犹云万物。如此则无明不异天神，而缘生之义无可成立。或复妄说继无明而起者，只有行，即造作。识之生，当在造作已起之后，如此，则正造作时识犹未生起，唯是造作势力与迷闇势力互相依而发动，本无有分别的作用主导于其间，则一切造作纯是乱冲乱动。而凡有生命之物，将如何生活下去，此乃一大问题也。分别一词，佛书中或作名词用，即以分别为识之别名也；或作动词用，则分者分析，别者辨别，谓观察万物时，必详细析别，以穷究物理之万殊也。此处言分别的作用，犹云识的作用，故此分别是名词。试就日常近事取征。如人行市区衢路中，即是身体的造作，所谓身行是也。身行，见上。倘身行只与无明即迷闇势力。协合而动，是时竟无有识为之主导，则身行如遇汽车自前方奔来，必不能辨析汽车为何物，将直向前乱冲去，遂遭汽车压死。举此一例,可概其余。故知识与行及无明三支,是同时俱有,不可分先后。但以因果论,则无明能引生行,是行所从生之因;行能引生识,是识所由生之因。学者依经文而寻玩释迦氏之意,不难了解也。

已说"缘行识",次释名色。云何为名色? 释迦氏首以五蕴说明宇宙人生。蕴,犹聚也。释迦总括万有,所谓色和心的现象,通称五蕴。五蕴,犹云五聚。色者,质碍义,相当于中文物字,谓物质现象也。后言色者,准知。五蕴者:一、色蕴。从吾人的身躯,以及太空无数天体之伟大,与气粒子或微尘,小至不可目睹者,一切物质现象,总名色蕴。是为物质宇宙。二、受蕴。受即心作用之一。以其领纳外境,而有快、不快之感,故名为受。自受以下,都是心的作用,亦可简称心。三、想蕴。想亦心作用之一。以其感摄外物而取像,如于青色而取青像,谓此是青,非赤白等,是为取像。分别物之自相、共相等等,施设名言,发展知识,故名为想。四、行蕴。行,亦心作用之一。以其感物而动,创发一切造作,故名为行。心理学上所谓意志方面的种种现象,皆属行蕴。五、识蕴。释迦谈心,纯用分析法。如《杂阿含经》卷十二说识,便分作六片。而在五蕴中,则将识和受、想、行等心所都分开来。识是心之别名,心所,是心上所有的作用。如眼识,便须剖析为心和心所,耳识等等可类推。心所,有多数,心只是一物,而能统摄多数的心所。释迦氏既将心和心所剖分,故于受、想、行三蕴之外,别立识蕴。识蕴,即通取眼识、耳识、鼻识、舌识、身识、意识,共六个识而并列之,立为识蕴。推原释迦之意,所谓人者,只依五蕴而假名为人耳。所谓宇宙,亦只是依五蕴而假立斯名。斯字,即宇宙之代词。五蕴义旨繁广,此不及详。

十二支中有名色支。今释名色，则非先释五蕴不可。所以者何？设问。释迦以受、想、行、识四蕴皆无质碍，乃统称之曰名；以其不可目睹，惟可内察，而授以称号曰名也。既可内察，即可施设名言，所以把他叫做名。名是四蕴之总称。色有质碍，感官亲证，证，犹知也。眼可见，耳可闻，乃至身可触，故曰亲证。是谓色。此在《杂阿含》皆有明文。故名和色即是五蕴。易言之，释迦实以五蕴收于十二支中，而立名色支。

余初治佛典，觉得大小乘各宗派一致敬守十二缘生说，毋敢违背，毋敢舍失。余研此甚勤，此字指十二缘生。而深苦注疏家都无正解，皆安于蒙昧而不求知。窥基受业奘师，而其《成论述记》《成唯识论》简称《成论》。亦复迷惘。此甚可怪。余所苦者，无明、行、识三支何为在名色支之前？名色即是五蕴，经有明文。五蕴本就生生活活的人而言，亦即指现实世界而言。详核无明、行二支，即在五蕴中行蕴，识支，即是五蕴中识蕴。胡为十二支中竟将无明、行、识特从五蕴中提出为三支而居首？又将五蕴总称名色支，紧接于无明、行、识三支之后？此中当有大问题在。窥基《成论述记》于赖耶识后，详疏十二支，而于此全无说明，亦无疑问。岂印度僧徒向来守文而莫求解乎？守文，谓其只守十二支之文句而不解其义旨也。余怀疑年久，最后始悟：释迦盖以无明、行、识三支，是乃宇宙之根源。此中宇宙一词，即包含人生在内。后仿此。故列于十二支之首，而以名色即五蕴次之。详此说，以三支联系而为万有之元，不肯承认有独立的一物为元，颇有理趣。佛教之特异于迷信有大自在天之教者，正在其有哲学的理论耳。五蕴不是凭空幻现，易言之，宇宙人生非可无因而有，佛家力破无因论。故无明、行、识三支是就宇宙根源而言也。余在上文已言，三支以无明为导首，而识复为无明之主导者，行支承无明而直接引动识。是故识与无明势力及由无明所引起之造作猛势，三支皆相缘而俱有，则识为虚妄的物事不待言。三支者：初、无明支。二、行支，即造作的势力。三、识支，即虚妄分别的势力。虚妄者，言识虽能分别而无真实性，亦非清净性，非善性故，所以说为虚妄。然识虽虚妄而得强缘，有胜力故，强缘者，指无明及行。所以能变现万有。大乘唯识论，说识为能变。小乘已创说阿赖耶识，后亦省称赖耶。至大乘有宗更肯定之，而组成宏密的理论。其根据在十二支中之首三支。无明支、行支、识支。分明可征，复何疑乎？赖耶从识支推演而立，赖耶能变，即由识支含有行支造作的因素。赖耶非无漏性，即由识支承无明支迷闇势力之主导故。无漏者，清净之谓。赖耶，无清净性。

客有问言：五蕴中行蕴本是十二支行支；行蕴中摄有痴心所，即是十二支中无明支；五蕴中识蕴即是十二支中识支。据此，则有大不可通者。如首三支中之无明、行、识皆摄在五蕴，何故识支之次，又有名色支？名色支固已五蕴全备，而五蕴中之无明、行、识，既先见于首三支，何为重见于名色支乎？重，读若虫。

答曰：此是应有之问难，而佛氏之徒从来无有解释，都是茫然混过去。混者，不分明之貌。余谓十二支中首三支，是就宇宙之根源而言。易言之，即就物质现象和精神现象之所从生起者而言。此中者字，暗指首三支，非助词也。精神现象，即指心及其作用。物质现象，大者如太空诸天体，细者如气粒子或一微尘，皆是也。至于生物的形体，乃至人的身躯，亦皆属物质现象。五蕴总起来说，都不外于心物两方面的现象。五蕴首以色法。色即物质现象，已说在前。受、想、行、识四蕴皆精神现象。有问：释迦氏说"缘识名色"者，名色即是五蕴，见前。谓识为缘，五蕴方得生起也。据此，释迦并未说无明、行、识三支为缘故，五蕴方得生起。此与先生所释，恐不必全同乎？答曰：首三支互相联系，混然为一。此旨深微，汝未悟耳。释迦倡出世法，本是反人生的思想。其于宇宙或人生的根源，专从坏的一方面去看。三支以无明为一大迷闇势力，行则承迷闇而起，为一切造作的势力，而主导乎前二支者，则是虚妄分别，所谓识是也。前二支指无明及行。无明固是主导行和识的，而识亦主导乎无明。因为无明的迷闇势力在发动与进展中，毕竟有虚妄分别的识主持于其间。但这个主持是迷闇的，不是炤明的，以此自陷于罪恶。三支浑沦为一，浑沦者，不可分割之貌。是为众生各各本有的生命。依佛家之义，一切众生各各本有个别的生命，但互相依故，可说为宇宙大生命。会得此旨，会，犹悟也。便可明了经文才举识支，即已摄尽无明及行二支在内，何可妄疑余之所释不必同于经旨乎？总之，十二支中首三支是就宇宙根源而说，五蕴是就现象而说。五蕴中首色蕴，即众生的身躯与物理世界，皆物质现象也。自受蕴以至识蕴，皆精神现象也。首三支中之无明，其义特殊，绝不同于五蕴中痴；首三支中之行，其义特殊，决不同于五蕴中之行。首三支中之识，其义特殊，决不同于五蕴中之识。譬如叔本华哲学中之意志，其义特殊，决不同于心理学上知、情、意三分中之意志也。

已说"缘识名色"，次释六入处。六入，即六根之别名。根者，主义。如眼根是以追求外色为其主司也，耳根是以追求外声为其主司也，鼻根等等皆可类推。佛家将根与识分别清楚，不许混淆。五根是最清净微妙之物，而不即是心。意根则有指肉团即心脏而言之，有谓是过去意，谓已往的意识对于后起的意识而为其根。今不及详。根是识所凭借的工具，而不可谓根即是心。此须辨清。六根者：眼根、耳根、鼻根、舌根、身根、意根。六根直取六境。直者，一直向外追逐之谓。取字，有劣义与非劣义。非劣义者，如对外境而取像，此无过失，故非劣义。其有劣义者，如根之取境，则因其与过去杂染习惯的势力结合而追求外物，即六境，纯是芒然冲动去，便有劣义。今此中取字正是劣义也。六境，谓色、眼根所取者。声、耳根所取者。香、鼻根所取者。味、舌根所取者。触、身根所取者。谓凡外物之来刺激于身根者，通名为触。法，意根所取者。一切法约分二类：一曰实境，即上所举色声香味触等等外在的实物是也；二曰义境，凡无形的物事，如思维所及的一切道理，皆称义境。意根是否能取义境，此不及论。是为六入所取之六境。

已释六入。经云："缘名色六入处。"如从句法上讲，似不可通。所以者何？名色即是五蕴，六根，通是五蕴中色蕴所已有者。今于此中复言由名色即五蕴为缘，而六入处即六根乃得有。此说何可通乎？窥基似亦有此疑，故主张色蕴中除根。见《唯识述记》。余昔研六入处支，深费苦思，而不敢苟同于窥基之说。经文之名色支，明明是五蕴，不曾言色蕴中除根。而窥基无端变乱经文，此大不可通者，一也。根是色蕴中的主体，如将根除去，还成甚色蕴？此大不可通者，二也。佛说五根，其第五曰身根。四肢、内脏，乃至百体，总称身根。五根备而号为人，乃能官天地，府万物，故曰身根是色蕴中之主体。余按经言"缘名色六入处"者，不是说名色为缘，六根才有。不是二字，一气贯下为句。名色支即是五蕴，六根本在五蕴中之色蕴内，如何可说名色为缘，生六根乎？余故断定经文不是作此说也。窥基未通经旨耳。应知，名色支以下各支，都是相缘而有，总归到人生的沉沦与度脱一大问题。吃紧。六入处支不言六根，而变其文曰六入。释迦于此，确有深意。窥基不悟，故欲于色蕴中除根耳。夫人之一身，为太空中无量数物质世界所围绕，人皆乐用物资之丰富以养欲、给求。六根是取物之工具，更引心以陷入乎物，而人益纵其无餍之欲，逞其无餍之求，以是沉溺于生死海，终不自拔。此释迦氏所为对治集因、苦果，要在守护根门，恐其入于诸有而无可出离也。佛说三有，故云诸。诸者，不一之谓。三有者，三界之别名。一、欲有，生于此界之众生，有饮食男女等欲故；二、色有，谓有微妙色故，绝不同于欲界；三、无色有，谓此世界微妙至极，无实质故。诸天生于此者，无欲而至乐，然乐极而终苦，毕竟坏灭。释迦说四谛。其一，苦谛。谛者，实也。苦是实故，说苦谛。人生大苦，总说为四：一、生苦，(苦与生恒相俱，曰生苦，生即是苦故。)二、老苦，三、病苦，四、死苦。其二，集谛。(谛义同上。)人生本有一切迷惑，造种种恶行，皆名为集。集是感苦之因，苦是集之果，事实如此，不可不畏故，说集谛。根门者，物自外来，而根自内主动以应之，故根有门义。守护根门，即心不放逸，不随六根外逐也。可玩《杂阿含》。六根亦名六入，自出世法言之，诚有戒惧乎。

经说"缘名色六入处"者，谓由名色为缘，而六入即六根。将陷入于诸有。自此以往种种缘会，会，犹合也。种种缘者，谓从触支以至生支，诸缘会合。将沦溺而无已止也。

名色支，五蕴完备。色蕴即是无量诸天体或众物，所谓物质世界。人皆坚执物质世界以为自体、为依托、为库藏。执，犹持也。持而有之，不忍舍失，曰坚执。生物的形体或身躯，是无量物质世界之一部分，故云执为自体。又复应知，人皆以物质世界为其依托之所与财富之库藏。受、想、行、识四蕴皆心法。此处法字，指实有的东西而言。如色是实有的，曰色法。(色谓物质。)心是实有的，曰心法。然法之名不限定为实有者之称，兹不详。心之别称曰识，是为虚妄分别的势力。心和心所，通称虚妄分别者，以心所属于心故。人皆自恃其分别势力而坚执之，以此，为色蕴中根身与无量物质世界之主公。以此之此字，指虚妄分别的势力。色蕴可略别为两大类：一、无量数的物质世界。（大自太空诸天体，细至一微尘，通摄在色蕴。）二、生物的形体乃至人的根身，是为色蕴中最特殊之品类，故从无量物质世界中另提出来说。（根身，亦析别而称之曰五根，另加意根为六根，此不暇详。）虚妄分别是心或识之别名，是乃人的根身之主公，亦是根身周围无量物质世界之主公。

如前已说，名色支即是五蕴。注意。五蕴中色蕴所摄五根，是乃心法四蕴，即虚妄分别的势力所凭借之，以为深入物质世界，追求奉养，满足贪欲的锋利工具，所谓六入处是也。工具分为六种：一曰眼根，二曰耳根，三曰鼻根，四曰舌根，五曰身根，是为五根。（五根皆是物质的，均摄在色蕴。）另加意根，则有二说：一、指肉团即心脏而言，便属色摄；二、谓过去意，乃色蕴所不摄。六入处本是六根，而经文于此乃不曰六根处，特变文而言六入处者，其深远之义旨独在一入字。六根本是虚妄分别的势力所利用之，以为深入无量物质世界之六种工具，其入之也既深，即其陷溺于物欲也深而又深，如蚕作茧自缚，不可拔出，永坠生死海。佛说世界是生死海。人之过，大矣哉！

今当继六入处，而释触。触者，谓六识相应触。触是心所之一。心所是心上所有的作用，不即是心，前已说讫。相应者，言心所恒与心协合，若一体也。六识各各有一触心所。如眼识有一触心所，耳识亦有一触心所，鼻识乃至意识，皆可类推。

经言"缘六入处触"者，经，谓《杂阿含经》。由六入处即六根为缘,而六识各各的触心所,乃与六入即六种工具同时俱起而取境。取,犹追求也。境,谓外物。倘无六种工具为缘,触心所亦不得孤起。故六种工具才起而追求外物时,即引发六种触心所,同时起来,故曰"缘六入处触"。经文译得太简,读者难通。吾于前各支中都未详注,今此乃欲稍详之。佛氏惯用剖析法,将心剖成各片,又联合拢来。学者识得此旨,方可通佛籍。佛氏以为,心值外物来感,必须有六入即六根为工具,以引发六心及六心各各所有之诸触心所,同时一齐跃起,六心,犹言六识。诸触心所者,六心各各有触心所,故云。以追求外物,了解外物,处理外物,显发心和心所的种种胜能。触心所,譬如一种导引员,有发动一切、联合一切的大势用。六根取六境时,触心所便开动,而牵引六心及六心各有之诸心所,互相应合,以逐物而不舍。由此,一切痴惑炽然俱发,如蛛结网,自缚其中。害始于触,此出世法之所必慎也。

已说触,次释"缘触受"。谓由触心所为缘,而有受心所同时与触俱起,曰"缘触受"。触心所,省称触,其他心所皆可省称,如受心所,可省称受。受者,领纳之谓,谓于外物而有快不快等领纳。快的领纳曰乐受,不快的领纳曰苦受。众生迷乱,殉没于物欲中,常以苦为乐。真乐之趣,凡人未得有也。物欲者,众生颠倒迷惑,见物便生贪欲,故云物欲。

已说"缘触受",次释"缘受爱"。由受心所为缘而有爱心所俱起。(俱起者,谓爱与受同时相依而起也。他处言俱起者,准知。)爱者,贪恋之谓。佛书中用爱字者,多是贪爱之爱。儒书中用爱字多是仁爱。唯姑息之爱,则非仁。《杂阿含》说"云何为爱? 谓三爱:欲爱、色爱、无色爱"云云。三爱者,三谓三有,亦称三界。众生于三界而起贪爱,不肯厌离。(厌者厌

21

弃,离者出离。)云何三界? 一、欲界。有饮食、男女等等欲故。人类所栖的世界是也。二、色界。色犹物也,但此色不同于世人现见的物质,而称微妙色。三、无色界。此等世界最神奇,亦无微妙色可睹也。佛氏说,色与无色两种世界中皆有诸天在焉。诸天还是众生,只比欲界中人类为最高耳。诸天仍行淫欲,但不同人类之鄙秽。男女互不相比近,惟对立、相视一微笑,其事毕矣。佛法主张人天都要灭度。不再受人身或天身曰灭。脱离生死海曰度。三界同归于空,故三爱是其所必断尽。断者,断灭。有三爱,则三界将俱起;三爱断,则三界皆消灭。佛氏出世之唯心论,不亦奇欤。余不敢苟同于出世法。人道当以至仁至诚改造宇宙,顺大生广生之自然,而无贪爱杂于其间。大生、广生,见《易大传》。《易》道广大高明,决不于世界起厌离想也。

　　已说"缘受爱",次释"缘爱取"。由爱心所为缘,便有取心所与爱相依而起,曰"缘爱取"。取者,迷乱、执着之谓。爱是贪恋,取则比爱又加深。《杂阿含》说:"云何为取? 谓四取:一、欲取,凡人于世间财货、名誉、权力,乃至一切污杂事,而皆见为可欲,其未得之也,则贪得,既得而犹不满足,是名欲取。二、见取,见者知见。凡人于其所有知识与见解,或较博或较少,或肤浅或深远。因此,更分邪正。知见寡少而肤浅者,常陷于邪谬;知见广博而深远者,常得大正。然邪谬者,恒自以为是,迷执不舍,是名见取。三、戒禁取,戒禁,复词,禁亦戒也。佛家以外道所持戒多无补于修行,故说戒取,以呵斥之。四、我语取。"我语取,据玄奘译《缘起经》及《杂阿含》清季刻本,皆遗语字。凡人皆迷执有自我,(即小我。)遂于自我所发一切语言,(口语或著作。)皆自执为优长,不求己短。而浅见邪说之徒,其迷执尤甚。是名我语取。

　　问:既说见取,似不必更说我语取。答:我语取是从见取而有,但我语取不惟自害,而害人更甚,故须别说。

见取与我语取宜有简别。如有正大深远之见,发正大深远之语,自信无妄,固执不摇,只以理实如是耳。此何可谓之见取或我语取乎?若夫知见与语言,虽已远离乎寡浅与邪谬,而隐挟自矜之私意,以为人皆莫及我,则不谓之见取与我语取不得也。服膺正理,不可杂以小我之私。才有小我便是取。

三爱是克就众生对于世界之贪恋而言。佛说三界如火宅,人乃贪爱之,不求出离,如燕处燎堂,鱼游沸鼎,不亦悲乎! 出世法之世界观,若此。

四取是就人生内部生活一团杂染而言。欲取是甚深而且极杂的垢秽。自出世法视之,此为众生流转于生死海之集因,集垢即是恶因,将招至苦果,可玩四谛中集谛。至可畏也。后三取皆就知见而说。知识与见解总称知见。知识从实用发展,其在专门名家,以小辨之术分观宇宙,分观者,专门之学将浑全的宇宙析别为多数部分去研究。小辨术见《大戴礼》,余说在《原儒》,即分析法也。别其类则专业不纷,精其术则征实无妄。此知识所由正确也。下此者,则众庶日常接物更事,更,犹历练也。习闻习见所获之常识而已,似未足言知识。然常识为格物之学所依据。常识丰富者,亦足珍贵。譬如椎轮虽粗,而为大辂所由始。从宽立论,何可视众庶为无知乎? 见解,余当别论,此姑不详。

释迦言"缘爱取",何耶? 爱者,谓于三有起爱,三有,见前。今不必信有色界、无色界,但融会佛氏大意,只是对于世界而起贪爱耳。吾人生长于蕃然万有之世界,自太空无量数诸天体,以及光热等等之奇妙,动物进至人类之灵异,乃至一切丰富无尽的宝藏,如何不令人起爱? 由爱为缘,遂引生欲取、见取、戒取、我语取，迷乱复迷乱，贪痴无已止。欲其不滞于有，何可得乎？滞，犹沦陷也。人皆执定世界一切皆为实有，而不能观空，故云滞有。墨滞于纸，即不可拔；人滞于有，不得解脱。

有问：戒取，胡为与知见相连而谈乎？答：人之制戒，无不本于其知见。若知见不正，则其戒适以助恶而已。譬如俗儒之守小康大义者，以事君不忠为戒。故二千余年来儒生，只有忠于昏乱之君而流血，决无同情于人民之痛苦而流血者。为君死者，徒以食君之禄，不得不为之死。故不忠之戒，出于私情，害于正义，实由于无正知正见故耳。释迦氏以外道知见不正，故其所持戒无由入正法，正法，谓出世法。是以责之深也。

已说"缘爱取"，三爱为缘，故有四取，曰"缘爱取"。今释"缘取有"。《杂阿含》卷十二说"缘取有者，云何为有？设问也。三有：此下皆答也。欲有、色有、无色有"云云。三有，见前。据此，于三界而变文，言三有者何？何字，设问也。下文皆答也。推佛氏之意，世界者，万物之总称耳。万物皆由众缘会聚而生，本无有独立性与固定性，故不可迷执世界为实有。今四取中，欲取居首，则已于世界起种种欲，缠结甚深。后三取中，见取最要。诸有情类，情者，情识。一切众生皆有情识，故圆颅方趾之类，亦号有情。生聚于世界中，练习于无量数的事物，而有种种知识、种种见解。因此，一致肯定世界实实在在，不空不幻。是故取之分类虽云有四，而其义则一取字包括无不尽。取者，即对于世界而无端发起迷乱执着，或盲目追求。此际，则已于世界突然增加一层实有的意义上去。注意。故四取与三有是同时为缘而相俱。相俱者，如有此便有彼，即彼此同时俱有也。经云"缘取有"者，其义如斯而已。凡人于世界生爱而有取,由取而更执为有,有之迷执既成,遂不可解。蛛结网而自囚,蚕造茧而自锢,人生何异于斯?

已说"缘取有",次释"缘有生"。《杂阿含》卷十二说"若彼彼众生,彼彼,重言之者,以众生种类万殊故。彼彼身种类生"云云。如人属胎生的种类,即于彼种类中得人身而生。鹅属卵生的种类,即于彼种类中得鹅身而生。按《杂阿含》此处解释生字,却是从众生初在胎或卵等等成就某一种类的身,刚才要出生的时候而说。殊不知,有支所说,本是就活在世界上的成年人对于世界迷执为实有,此即有支。便引起另一种强盛的生存欲,遂有生支之说。能引者,是有支。所引者,是生支。故有与生二支,是就一身上同时俱有而说,非可以有支属前身,生支属后时续生之身也。注意。《杂阿含》于生支中隐寓轮回之意。此与有支及有支以前诸支,都无可贯通。十二支中本有轮回义,却不应在生支中说。玄奘译有《缘起经》及《缘起圣道经》与《分别缘起经》共三种,皆是大乘师根据《阿含》而推演之作,其于生支皆承《杂阿含》之误。《杂阿含》本释迦所说,弟子集录于释迦没后,不无失先师本旨,此无足怪。而后来大乘师亦谬误相承。余谓众生对于世界而贪执为实有,故就此种意义上立有支。由贪执世界为实有故,遂益增长其生存欲,故就此种意义上立生支。人如果把世界看空了,其生存欲自不能强。如果把世界看得实有而丰富,则其生存欲自发达。佛氏于人生体察甚深,而偏要走反人生、毁宇宙的路子,此与孔子《大易》之道正相反。

附识:余写至此,有人来问云:《杂阿含》卷十二,说十二支中生支处,有曰"超越和合出生"云云。读者难通,奈何？答之曰：和合即指父精母血和合而成胎，所谓神识俗称灵魂。即投入胎中。及胎儿发育，全身成就，便超越和合的时期而要出生了。此是佛教的神话。

已说"缘有生"，次释"缘生老死"。此言由生为缘故，即有老死也。《杂阿含》卷十二有言："缘生老死，以老及死，合为一支，是为第十二支。忧悲恼苦，如是如是，纯大苦聚集。"

上来已释十二支，今将十二支要点提示于后。

一、开端无明、行、识三支联系若一，而识支究为主体。佛氏盖以此三支为人生所由生，是谓人生本性。宇宙所由始。是谓宇宙根源。但三支不是脱离吾人或万物而独在，此中万物，乃为宇宙之代词。下举万物亦同。只是从人或万物的自身里推出去说。

二、余在前文曾说，开端三支，识为主体。此从佛家学说发展之史实而观，灼然见来历。大乘唯识论始建立阿赖耶识为万有之元，实由十二支中之识支开其端也。《显扬论说》"阿赖耶识是有情世间生起根本，一切众生，通称有情世间。众生皆有情，故名有情。能生诸根及转识故，诸根，谓眼根、耳根、乃至身根等。转识，谓眼识、耳识，乃至意识。转者，转易。眼识以及意识皆可由杂染转为清净，故名转识。亦是器世间生起根本，能生器世间故"云云。器世间，犹云物质宇宙。大自太空无量数诸天，细至一微尘，皆是器世间。若就五蕴而言，则器世间属于色蕴。此言阿赖耶识不独是有情世间生起之根本，而亦是器世间生起之根本也。据此，则大乘有宗唯识之论，旧新二派皆是十二支中第三识支之分流。玄奘介绍大乘有宗，定无着为一尊。其实，无着以外别有一派唯识论，为无着及世亲所抑。无着世亲兄弟是新派。旧派开山之人不可考，真谛介绍来华，又为奘门所掩，其译籍亦残失。余昔偶寻鳞爪，觉其持论较无着之后学为贤。无明、行、识三支联系若一，昔人未注意及此。然细玩经文，明明是以缘生义为其一贯的主张，不肯建立一物为万有之元。此在古今哲学理论中，亦自有其特殊处。后来大乘唯识两派都失此意。十二支中首三支无明、行、识。联系若一，而识为主体。昔人亦未见及此。殊不知，三支之后，其第四支即是名色支。名色，说在前文。读者宜将各个名词，一一求其确解，否则不可通其大旨，非细心玩之不可。经文明明说"缘识名色"。此言识为因缘故，名色得生也。譬如麦种为因缘故，麦苗得生也。名色即是五蕴。五蕴总起来说，即上文引来之《显扬论》所谓有情世间及器世间，皆就五蕴而设假名耳。后附识。有情世间实即五蕴，器世间即五蕴中色蕴所摄。摄，犹包含也。释迦氏以名色支紧接识支，而说识为因缘故，才生起名色即五蕴，明明是以识支为宇宙人生的根本。可见识支在首三支中，特为主体。其以无明与行二支，居识之首，与识相联系者，盖有二义：一、以缘生义须一贯，不能独建识为一元，应说识亦待缘而生也。二、无明以迷阇的势力居首，引生行。行，即造作的势力。这个行，用近时通行的术语，颇似盲目追求的意志。由行承迷阇势力而起造作，遂引生识。读者须注意，无明、行、识三支是同时一齐俱有，不可分先后也。这个识与无明、行相联若一体，当然是虚妄的东西，无有炤明性。由识为因缘，才生起宇宙人生，当然是一团黑阇。其反人生、毁宇宙之弘愿持守甚坚。誓入地狱，为坠堕其间之众生说法救拔而不怖。为，读若卫。其思想未免过偏而失正，索隐而反常。索隐，见《中庸》。隐者，潜伏未显之谓。《大易》之学，本隐之显，从万变、万物、万理由潜之显而察之，则其隐为有可征验之隐,非《中庸》索隐之隐。若远离现实世界而求索有不生不灭的幽隐世界,是乃《中庸》所讥之隐,无有理道。**然大雄无畏,实修其所持。人天向化,真诚之感也。大哉菩萨道! 自有不可背者存也。**菩萨者,正觉之谓。大乘以不舍弃众生为道,虽极恶不可教化,终不忍舍之而不教,是为菩萨道。

有问: 释迦说十二支,其识支只有六识。一眼识,二耳识,乃至第六意识。大乘建立第八识即阿赖耶识,为宇宙人生之根本。此乃大乘唯识论之创说,非本于释迦也。答曰: 不然。成立阿赖耶识之理论虽至大乘始详,而其义旨,创发于十二缘生论之识支,则无可否认也。自释迦氏创教之始,本只说六识,未有八识之名目。小乘各派以及大乘空宗,都不言八识。其后大乘有宗崛起,始于六识之外,别说第七末那识及第八阿赖耶识。自是有八识之名。而大有遂以唯识之论,肇开学统。大乘有宗,简称大有。后仿此。实则大有虽加第七、第八二种识,而主要在第八阿赖耶识。此中颇有多义,不欲详。阿赖耶识,简称赖耶。大有建立赖耶识,确是祖述十二缘生论,其证据略说有三。祖,犹宗也,主也。奉为宗主而继述之,曰祖述。一曰,世亲作《唯识三十颂》,成立赖耶大感困难。释迦没后约九百年,小乘各派及大空都不说有八个识,(大乘空宗,简称大空。)无着倡谈赖耶,犹未组成严密之体系。其弟世亲始承兄志,造《三十颂》。首举释迦遗教为证,教,犹说也。则以上座部,说有细心,是第六意,恒现行故,云云。可以证明释迦在世,早已发见赖耶识,亲授于上座部,流传未坠。世亲与其后学举证虽不一端,而此证最有力。所以者何? 细心是第六意,释迦说六识,第一曰眼识,乃至第六曰意。本非大有所谓第八赖耶。以数计,则赖耶为第八识也。而世亲以此证明释迦已发见赖耶者，何？大有之赖耶识是不随形骸俱灭。易言之，人死而赖耶不死也。上座部说细心恒现行云云。按，恒者，恒久义。现者，现在义。行者，迁流义。细心亘是现在，无有不在时故。亘古是迁流不已，无有断绝故。不已，犹云不止。据此而论，则大有之赖耶，实以释迦氏十二支中识支，所谓第六意与细心说为根据，而加以推演，遂创开大有唯识论之新派。

有问：十二支中识支，分别识为六种。吾有疑者，识，如何剖作六片？第六意，又如何别有细心？且大有承释迦之六识，更加末那、赖耶二种识，岂不怪哉？答曰：十二支中识支只依发用不同而说为六，非谓识之自身可剖作六片也。释迦说六识，实际上只肯定一个意识而已。意识，下皆简称意。从意之发现于眼根而见色，则名眼识；从意之发现于耳根而闻声，则名耳识；乃至意中因感官感摄外物而发起思维等，则名意识。十二支中识支之本义如是，无可非难也。小乘各派大概遵先师遗教，无甚乖违。窥基《三十论述记》中偶有提及一意识师者，其为小乘诸师无疑。小乘诸师皆承认佛说六识，不是剖作六个识，唯是一意识耳。无着后学遂呼此辈曰一意识师。大有唯识论之旧派，其主张盖与一意识师接近。余常欲考论之，为一册，悠忽未果。今衰矣，更无意于此也。旧学谈识、谈种子、谈三性，皆与无着世亲一派不同。圆测与玄奘不合处，实是新旧之争。学人或知《显识》等论与《成论》不同，而不知圆测遗说亦当寻玩也。《瑜伽》亦存旧义数条。

无着、世亲兄弟之学，在大有唯识论中，是为新派。此派用剖解术将识析为八聚，不知有何意义？新派所谓八识，并不是八个识，而是八聚。所以者何？若是八个识，则每一识应该是独立体，如眼识是一独立体，乃至第八赖耶识皆然。但新派所说八识却不是八个独立体，而是八聚。如眼识是由一个心王与多数心所合成一聚，名之曰眼识；耳识亦由一个心王与多数心所合成一聚，名之曰耳识；乃至第八赖耶莫不如此。（每一识分为心王和心所。心所，谓心上所有的作用。心王，亦简称心，是多数心所之主也。王则惟一，所乃多数。每一识皆如是。）世亲与其后学又以剖解术和拼合术并用。审其持说，既以识破作八聚，而于八聚又各各再破。如于眼识破作心王及多数心所，变成各各独立体。眼识如是，耳识至第八识皆然。可谓破碎至极。若辈亦知其说之难通，又再拼合拢来说为一聚。如眼识一聚，从一方说，是破碎为各各独立体；从另一方说又是以心和多数心所拼合为一聚，称之曰眼识是也。耳识乃至第八识莫不皆然。若辈二术并用，只是弄戏法耳。无着造唯识之端，世亲不善弘其绪。至于护法，本无穷大极深之睿智，又纯任空想，玩弄名词，逞其纷繁琐碎而不根于事实的分析，时复采及庸才异论为作调和，止其争竞。为，读若卫。所以誉插五天，五天，五印度之称。功高一代，群盲共戴，不足怪也。自唐以来，中国学人只知无着为大有学派之祖，古时印度人推崇无着《瑜伽》与龙树《中观》，并为两大。《瑜伽》采集众说，颇有存而不论者，此意亦好。无着以前谈有之学已盛，当于《瑜伽》中搜考。至于唯识之论，又只知有世亲、护法，不复探寻旧学，藉资参考。此余一向所太息也。新派初兴，根据十二缘生论。其后学习于琐碎，便与释迦本旨相去日远。

又复应知，第六意，如何别有细心？此一问题上座部典册中有无说明，今无从考。上座部者，是佛弟子中学行最优，年龄较高，常亲近佛，于群弟子班序常居首。其传授佛说最可靠。后学自成一派，以上座名。余

按大有经论，每称赖耶识甚深细，称，犹说也。可见其于细心之义
确有承受，非是牵强引证以自重也。余玩大有典籍，说及赖耶识
约有二义：一、近于潜意识，即下意识。二、近于神我。此二种意
义夹在一起。由此以推原于细心，当不外此二义也。

上来已说大有唯识论新派祖述十二缘生论之明证。此中蔓
延已甚。向下犹有二证，当简略举出，用避繁辞。第二证者，十
二缘生识支与无明迷闇联系若一，可见识非善性。此性字，为性质
之性。而大有唯识之论，无论新派、旧派，要皆以赖耶识为染污
性，是其祖述十二缘生，证据确然。第三证者，十二缘生分顺、逆
两途。顺无明、行、识三支之流，即有宇宙、人生，成纯大苦聚；逆
其流者，谓由修行力故，克治迷闇等势力，俾无明灭则行灭，行灭
则识灭，识灭则宇宙、人生俱灭，纯大苦聚灭尽。大乘之赖耶识，
亦以修行力降伏，终归断尽。断，犹灭也。此亦大乘祖述十二缘生
之铁证。

问：大乘空宗亦祖述十二缘生论否？答：十二缘顺逆两门，
毕竟归于逆之一门。空宗祖述十二缘生，明明白白，何待说乎？
龙树《中论》阐缘生终归寂灭，亦从十二缘顺逆两门而变化出来。
此意难为不知者道。余曾欲论之，念世人罕有探及佛家意境，置
之可耳。玄奘不介绍大有唯识之旧派，确是其短。

三、名色支后紧接以六入处，由六入到有和生二支，正是写
出众生的生活，所以沦溺于生死海而不自觉。反对出世法者，当然不
赞同此种说法。殊不知，吾侪批判出世法是一事，而研究出世法却另是一事。
研究出世法时，便当屏主观以体会他的义旨。他对于宇宙人生，总有某一方面
的深切体察，不能道他全无所见。于人如不能屏主观以了解他，而轻作批判，

亦只是肤泛话头。不独愧对他，自己又有何真解？郑玄答何休之文出，休见而叹曰"康成入吾室，操吾矛，以伐我乎"云云。余甚服其言。夫批判古今学术，未可轻易也。不真入其室，而可妄操矛乎？

名色即是五蕴。此际，众生及物质世界即器世间。都已发展完备。众生既有六根，此中众生即指人而言，下同。便将六根作为六种工具，持之以向外追求。外，谓物质世界。由此而六根变名六入。故经云"缘名色六入处"。

六入是追逐外物的利器。其发动则机势猛利，便能引生触心所。佛说心上所有的作用，曰心所。触是心所之一，故名触心所。如眼根入外物时，即有眼识的触心所与眼根同时发动，且迅速激动眼识，直接应付当前之物。此眼根和眼识及外物三者和合起来，正是触心所的联络作用所致。有问：佛氏所说触的作用，应从神经系的活动来说明。答：吾释佛经，只依据佛氏本义来说。佛氏所谓五根，与心理学所发明之神经系颇有合，但未精细耳。佛氏在其谈心的范围内，有三事须认清：一、心是主乎物，不是从物生来的；二、五根是心之所凭借以发现，而不即是心；三、心和心所，是要分别清楚。据此，则神经系的活动与心所和心的活动，只是叶合若一而已。却不可说，只讲明了神经系的活动，便无有所谓心所和心的活动。此望注意。又复应知，当眼根、眼识、外物三者和合时，人皆自以为眼识是亲取得了外物，实则眼识交接外物时，即变现外物的相状而认识之，并不是直接取得了外物的本相。眼识正接物时，即便变现物相，不是先接物，而后变现其相。这种变现物相，谓之领似其相。领似者。言此相是由眼识仗托外物而变现，不即是外物的本相，而与外物的本相决定相似。所以此相是客观的。而眼识之领似物相，则亦赖触心所的联络作用，使眼识一聚中的心和多数心所同时起变,而对外物有一种领似。眼识如何说为一聚,见前文。此中只是就眼识举例,耳识、鼻识乃至意识均可类推。

六根入物,便有六触相俱,以领似外物。吾侪从认识上说,并无过失。但自出世法言之,则由六入而引起六触,众生将由是而耽酣于物质生活中,惟口体形骸之奉养,嗜欲利便之发舒,权力野心之狂逞,是究是图,莫知其他。究者,研究。图者,图谋。故自触以往,遂有受,受,见前。乐着物欲,着者,染着。如蛆染着粪秽而不自觉。其乐颠倒。无有真乐。

由受引爱,引者,引起。于诸尘世界起贪爱故。诸尘世界,犹云物质世界,佛氏所谓欲界是也。

由爱引取,于尘世界着欲、着见,染着种种欲,是为欲取;染着种种知见,是为见取。后二取皆从见取生,详在前文。遂为缘而生有。取支之下,即是有支,言取为缘,遂令有与取俱生。

有者,于尘世界坚执为实有,味着不舍故。味着一词,见《阿含经》。以世界为美而起味着,人情皆然。由有润生,生者,生活或生存之谓。自六入支以至有支,此起故彼起,彼起而彼彼俱起。故从有支回返观去,若取与爱乃至六入,皆能滋润于生。譬若雨水能润稻禾。众生以此深深爱护,系恋其生。人生若于世界作空观,即无生趣。若于世界无欲取、无见取等,乃至无六入,以追求于物,则其生活之资源枯竭。如禾无水,云胡可生?故从有支回返到六入,皆有生之类所赖以滋润其生活力。人之系恋其生,有以也。润生之义,大乘有宗相承不失。然生本无常,无有恒常。毕竟不可系。由生为缘,老死遂至。

《杂阿含经》于老死支作结论云"缘生老死,言生为缘便有老死。忧悲恼苦,如是如是,纯大苦聚集"云云。据佛法而论,自六入处以至有支，皆是生支之所总承，而赖以滋润其生。然众生之所赖以润生者，适以造成纯大苦聚集。众生无始以来，常在颠倒中，不能观空，不求出离。佛氏所以大悲也。

又复应知，十二支中，首三支，无明、行、识。是谓生命。人死已，已，犹了也。而细心是第六意，恒现行。细心，说见前。首三支是联系为一。细心属识支，故举细心，则无明与行即与细心为一体，此须认清。而其识支中细心，如不以修行功力灭除，则终不可死也。细心不可死，当再生，受人身或众生身，还是流转生死海，无有已止。故释迦于老死支下结云"纯大苦聚集"。若死后便无物，则一死而无量数大苦皆消失矣，尚何有"纯大苦聚集"可说乎？纯者，谓完全是大苦聚集，无有一毫可乐处也。余常言，佛氏出世法之完整体系，实以轮回信念为其骨髓。此中法字，指佛氏倡导出世之理论而言。十二支中虽无轮回之明文，而老死支特结以"纯大苦聚集"，正谓众生不知出离之法，此没彼生，佛说众生命终之时，才于此处没，（没，谓死也。）即时于彼处又出生，是谓轮回。可参考玄奘译《缘起圣道经》。漂流生死海中，无有止期，故是"纯大苦聚集"耳。

释迦氏倡十二缘生之论，本含有二门密意。密意者，言其意旨深远细密也。二门者，一流转门、二还灭门。流转门，观生相。相者，相状，下同。首从无明乃至老死，凡十二支。顺序而观，由此生故彼生，彼生而彼彼俱生的缘生相，是为流转。还灭门，观灭相。此中相字是假说。灭即无所有故。以修行功力，灭绝其生生之流。生而又生，曰生生。观一切法，由此生故彼生，彼生而彼彼俱生的缘生相，都无有独立或固定的自体。由此应说缘生即是空，参考《大般若经》及龙树菩萨《中观论》。空故可灭。佛氏以万物之待众缘而生者，即无有独立与固定的自体，故说为空。譬如麦苗，由麦种子及水土、日光、人功、农具、岁时、肥料等等众缘会聚，才有麦苗生起。由此可见，麦苗是待众缘而生的东西，无有独立和固定的自体。应说麦苗本来空，非实有。空故可灭。世间共见无有常存而不灭之麦苗。试由麦苗取譬，而推之万物，无不如是。如上二门，总依缘生义而得成立。流转门已于前说讫。今次略说还灭。兹就《杂阿含》卷十二，于各段文中择要略述。

《杂阿含》卷十二说"世尊告诸比丘，前略。如人种树，初小软弱，爱护令安。树小则软而不坚，弱而不堪摧折。人必爱护之，令其安全。壅以粪土，随时溉灌，以是因缘，然后彼树得增长大。如是。比丘结所系法，结谓一切惑，譬如束丝作结，坚牢不可解也，故谓惑曰结。此中法字，为内心和外物之通称。吾人内心之结恒于其自心之所欲所求，乃至所知所见，莫不系而弗舍。若乃结之系在外物者，如色声香味触等尘，亦皆结之所固系而莫能放。（放，亦犹舍也。佛家以眼识所取，名色尘；耳识所取，名声尘；乃至身识所接触之一切物，通名触尘。尘者，物质之别名。）至于太空无量数诸天体，（天体之多，非恒河沙数可比。）而人之思想，不以其广远而置之弗问。古哲荀子犹欲制天而用之，其强于爱智如此。顾自佛氏观之，将亦以为结之所系耳。味著、将养，则生恩爱"云云。以上皆见《杂阿含》。余按人情常为结之势力所驱使，遂对于结之所系者，深生味著，一切将顺、培养，不忍断绝，若甚恩爱之，不肯舍弃。释迦之说结也，观察深微，至矣哉。然复应知，众生不是由结力而生也。余谓释迦所斥之为结者，大概本于众生有其天赋的生生、健动之力，周行不可已止，而未尝无理则存焉，不可一概斥之为惑也。惑者，结之别名。天赋者，众生禀有生生健动之力，不可推其所由来，假说天赋耳，非谓有天神赋与之也。至于众生之有惑，乃从其既生以后，其字，指众生。便有生存欲、男女欲，乃至权力欲，一齐发展。乃至者，中间伏有大多数的欲，不可胜举,故言乃至。易言之,即起一切惑。凡欲之不合理者,皆是惑。若欲不违理,未可云惑。如男女之欲,有婚姻之礼以正之,即非惑也。举此一例,以概其余。吾人一念之惑既起,不会消灭,遂成一种势力,潜伏于内部不自觉之渊。每乘机跃现于外,形成为念虑,是云邪念;形成为语言,是云诳语;形成为动作,是云妄作。当此际也,吾人禀有天赋生生、健动之力,其发皆有则而不乱者,殆全不可见。盖吾人既生以后,所起诸惑障蔽天赋之力,遂乃觉得人生只是一团大惑的势力,勃然发现,无尽期耳。释迦从结之一方面看众生,非无故也。结者,惑之别名。然而不了人生真性,兹不及详。释迦只见众生有结,故于十二支中特举爱支、取支、有支,以至生支。盖明示爱、取、有诸结水,足以滋润于生也。后来大乘有宗盛张留惑润生之邪说,实承释迦之误而自害耳。倘闻孔子乾道大生之胜义,则生生之健,不容已止,何可留惑以害性乎。性者,乾道大生之力,人禀受之以为性命也。参看余著《乾坤衍》第二分。大有诸师(大有见前)以为,众生因其本有惑的势力,足以滋润其生。故系恋甚至。惑愈盛而愈觉生于惑中有余味。犹如水能润禾苗。(禾苗以譬生,水则以譬惑的势力也。)释迦不悟众生有真性,只见众生有结,故非悯众生长劫漂流于生死海,实为浩浩结水之所致。长劫,犹云无尽的长时。结水犹云惑水。此其出世之教,所由陷于曲径欤。洪惟孔子,年四十而不惑,即已荡然去结矣。结谓惑也。而必知周乎万物,裁成、辅相。《易大传》曰"裁成天地","辅相万物"云云,余释在《乾坤衍》及《原儒》等书。弘其大体,而无小体之迷执者。此乃出世法所莫识欤。小体,谓小己的形骸。大体,谓众生各各都是通天地万物为一体,犹惜其罕能自悟耳。弘者,谓众生皆当尽己力以完成大体的发展也。

"十二支中，爱缘取；由爱为缘，遂有取俱生。取者，四取，见前文。取缘有；取为缘，而有乃俱生。有者谓迷执世界为实有。有缘生；人性唯迷执世界为实有，其生活遂得滋润，而贪生之迷益增盛。生缘老死，忧悲恼苦。如是如是，纯大苦聚集。有生即有老与死，故纯大苦聚集，缘以生为缘而俱有。以上言众生为结所系而起恩受，遂由种种缘而终归于纯大苦聚集。（纯者，言全是苦，无有乐也。）譬若植树者以勤培植，令其长大。众生聚集纯大苦，亦犹是耳。

若于结所系法，随顺无常观，结所系法者，谓结所系的一切物。无常观者，谓一切物本来无有恒常，故应随顺之作无常观。住生灭观，住犹止也。生灭者，言一切结与结所系诸物，都是才生即灭，无有暂时得停留者。此与上文无常观，理趣相同。住者，言吾人日常用心，当常住止于此种观。（此种观者，指生灭观。）庶几一切无系、无贪爱。无欲观，于一切无所欲。灭观，凡物都是刹那刹那，才生即灭，宇宙万有毕竟无有一物可容暂时存在者，应如是观。舍观。对于一切都作舍去观，脱然无物，荡然无系。不生顾念，心不缚著，则爱灭。爱灭，则取灭。取灭，则有灭。有灭，则生灭。生灭，则老病死忧悲恼苦灭。如是如是，纯大苦聚灭。犹如种树，初小软弱，树之初小软弱，所以比譬一切结和爱等，初起之势尚微，若不扶助之则易制也。不爱护，不令安稳，不壅粪土，不随时溉灌，则树不得增长。若复断根、截枝，段段斩绝，分分解析。中略。乃至焚烧，令其磨灭。以上种种观，大旨先从灭尽一切结入手。（结即惑之别名。）结灭则爱灭，爱灭则取灭云云一段，宜将十二支中爱支至老死支，反复细究一番，不可粗忽过去。流转门中，说明其所由生。还灭门中，便直示灭的下手处。如是我闻，一时，佛住舍卫国只树给孤独园，佛之弟子记录佛语，故首言如是我闻。如是二字即总冒此下所记佛说之全文也。尔时世尊告诸比丘：前略。我复作是思惟，惟与维通。何法无故，行无？何法灭故，行灭？设问也。此中两法字，犹中文物字，实指十二支中初支之无明而言。行，谓十二支中第二支之行，即一切造作的势力而言。问曰，何物没有了，行便同他一样，也没有呢？何物灭了，行便同他一样也灭了呢？无明无故，行无。自此以下皆答也。行，不是有独立性的东西，必待无明为缘，行乃同起。故无明若无，行亦当然无有。譬如形为缘故，影便俱起，形无影自无。无明灭故，行灭。准上可知。人生一切造作，造作即是行，已见前文。皆由迷闇大力驱之于冥冥中而已。人间世大公之道难行，祸乱无已，有人类相食之忧，谁能言其故乎？诸为戎首者，亦皆受迷闇大力之役使而已。故必无明灭，而行乃俱灭，此必然之理也。

行灭故识灭，行为缘故，才有识与之同起，行灭，则识便和行一样同归于灭。夫行者，造作义。无造无作，何有识生？故行灭则识灭。

识灭故名色灭，名色即五蕴。由识为因缘故，五蕴乃生起，若识灭则五蕴俱灭。出世法之唯心论，其视宇宙人生，唯识变起。识灭即一切俱灭。

名色灭故六入处灭，五蕴不灭，即是众生与物质世界一齐俱有。众生必用其六根以向外追求。五蕴灭，则众生与世界同归空无，何有六入可言乎？

六入处灭故触灭，自此以下不须注。众生已不生，世界与众生俱尽，则众生一向沦溺于生死海的染污生活，若六入、若触、若受、若爱、若取、若有、若生、若老死，纯大苦聚，皆一切灭尽。此出世法之最高蕲向也。

触灭故受灭。

受灭故爱灭。

爱灭故取灭。

取灭故有灭。

有灭故生灭。

生灭故老病死、忧悲恼苦灭。如是如是，纯大苦聚灭。"以上皆引《杂阿含》经文。

综上所述，佛说十二缘生——灭尽，清凉、息没。此语见《杂阿含》卷十二。息没者，息即熄灭，没即灭没，谓一切惑皆灭，众生和世界皆灭。究竟苦边。此语亦见《杂阿含》卷十二，谓一往灭尽，达到苦之最后边际，一切灭除尽净，绝无所遗。此佛法旨归也。此中法字，谓佛之教义或学说。旨者，主旨。归者，归宿。然修灭之下手工夫，灭如何可能，根本在修行而已，故云修灭。惟在集中力量，断灭无明。集中云云，即用力专一，不纷散之谓。《杂阿含》卷十二说："诸比丘，彼愚痴无闻凡夫，无明所覆，言凡夫为无明所覆蔽。爱缘所系，系者，系缚。得此识身。众生之身，有识，以主之故，曰识身。识者，指上座部之第六意，所谓细心，大有所云赖耶识。众生得此识身，良由无明与爱为缘。彼无明不断，不断灭也。爱缘不尽，身坏命终，还复受身。还受身故，不得解脱生老病死，忧悲恼苦。读者注意，佛家思想确不是世俗的轮回观念。俗人贪求来生得好处，佛氏正要不生耳。我常说，佛氏要断灭宇宙大生之流。所以者何？此愚痴凡夫本不修梵行，向正、尽苦，究竟苦边故。梵行，谓清净之行。有种种行，兹不暇详。向正者，谓断无明及断爱，方是正理。向正理而修一切净行，方可灭尽一切苦。而凡夫则不肯修净行，不知向正，不求尽苦。是故身坏命终，还复受身。还受身故，不得解脱生老病死忧悲忧苦。若黠慧者，无明所覆，爱缘所系，得此识身。黠慧一词，有胜劣二义。胜义者，智人之有深慧也。劣义者，凡夫之有狡变者也。此中黠慧，是劣义。彼无明断，爱缘尽。彼，谓智人之有深慧者也。有深慧的人，知有身是苦，故能不为无明所覆，而断灭无明，不为爱缘所系，而灭尽爱缘。无明断，爱缘尽故,身坏命终,更不复受。不复受人身或众生身,不来生于世间也。不更受故,得解脱生老病死忧悲恼苦。所以者何?彼先修梵行,正向、尽苦,究竟苦边故。"以上皆引经文。轮回信念,自释迦至小乘、大乘各宗,始终持守不渝。明儒有说,轮回只是佛家顺俗之谈,非其本旨所在。此乃不曾研究佛典而妄说耳。

依据十二缘生说,无明、行、识三支联系为一体,遂有名色支俱起,无量宇宙开发,无量众生出现。可覆阅前文。据此,则人性元是一团迷闇,云何能生明,灭无明?余深玩十二支流转相,相字读为相状之相。终归纯大苦聚积。四谛与十二缘生相为表里,而首以苦谛。盖欲众生观苦起修耳。发起修行,曰起修。四谛义此不及详。《杂阿含》卷十二说"比丘白佛:比丘是佛之弟子。白佛者,向佛而自陈其所见也。多闻圣弟子佛门弟子之多闻而睿智者,称以多闻圣弟子。不乐无明而生明,由观苦而不乐无明,故起修行以生明。释迦首以厌苦求乐开导众生。厌苦则不乐无明,求乐即断灭无明而生明。通玩大乘小乘一切经典,始终是此意一贯。学者宜知。无明灭则行灭,行灭则识灭,如是乃至生、即生支。老、病、死,即老死支。忧悲恼苦灭,如是如是,纯大苦聚灭。此中乃至二字注意,识支而下从名色支至有支,不及一一详举,皆乃至二字所包含也。佛言:善哉善哉!我亦如是说,汝亦知此。于彼彼法起,彼彼法生;此就十二缘生流转相而说。(相者,相状。)法字即指十二支。上彼彼,就为缘之法言,下彼彼,就随缘而生之法言。如无明起而为缘,即有行随之同时俱生。举此一例,他可类推。故通十二支而总言之曰,彼彼法起,彼彼法生。上下彼彼各有所指,非重复语。彼彼法灭,彼彼法灭;此就十二缘生还灭相而说。相字、法字,其解均同上文。上下彼彼云云,不可作重复语来看。上彼彼，就为缘之法言，如无明是对于行而为缘，今无明灭则行亦俱灭是也。**彼彼法灭，止清凉、息没。**止，犹住也。安住于清凉、息没之境，无恼乱故。惟菩萨修行到此耳。众生则皆生活于恼乱的世界中，如住火宅。**多闻圣弟子，无明离欲而生明"**云云。欲者，贪欲。无明离贪欲，便舍去其迷闇性而生明矣。佛氏之旨如此。余谓，据佛说而论，人性本来是无明，如何得舍闇而生明？此处终有疑问在。

《杂阿含》云："诸比丘，比丘皆佛之弟子。佛呼而告之也。**若无明离欲而生明，彼谁老死，老死属谁者？老死则断，**此中文句如欲解释，必先明了佛法重在破人我执。何谓人我执？凡人皆自以为我是一个实在的人，我是实而独立的我。因此乃于自我和世界发起极炽热的贪爱，而即以此流转生死海，不可救拔。故佛氏造《五蕴论》专破人我执。今此不可牵涉太远，且回到本文。佛言，若无明离欲而生明，彼谁老死，老死属谁者。盖出世法之唯心论，本以众生有贪爱，是为造起万有之因；众生有我执，是为死后再生之因。若无明离欲而生明，即贪爱灭尽，我执灭尽，则再生之因已断绝。将说谁老死，说老死属谁乎？**则知断其根本。**断灭无明与贪爱等，即是断灭人生和世界之根本也。**如截多罗树头，于未来世成不生法。**此中法字，与俗云东西相近。中国俗话的东西一词，盖从物字变来。多罗树截了头便成不生的东西，故取为譬。

诸比丘，若无明离欲而生明，彼谁生，生属谁？佛氏呼其弟子而勖之曰：若比丘，能修到无明离欲，生明，或复妄计我自生明。此念一萌，又成迷闇。当知明之生，本无生者。（此中者字，隐指我。）凡人皆误执五蕴为我，实则于一一蕴中求我，皆不可得。离五蕴而求我，我在何处？（五蕴，见前。）我既本无，云何妄计我自生明，故曰彼谁生。（彼谓明。言明之生，非有我生之也。）生属谁者，言不可以生明属之于我，实无有我故。**乃至谁行，**行者造作之谓。无明为缘，便有行生起。此十二支中之第二支也。人皆有一切造作，遂妄计有我为作者，而实无我，故曰谁行。**行属谁者？**此言既无有我，则行无所属

41

也。譬如密云飞扬，其扬无主，其消无踪，可问其属谁乎？**行则断，则知断其根本。**断读若旦。断犹灭也。人皆迷执有我为造作之主，今已明无我，将说谁行乎？故云行则断灭。行者造作之谓。若人能破除有我之迷，即无有造作者，是则行之根本已断灭也。**如截多罗树头，于未来世，成不生法。**无明与行皆断，则识支以下皆断，可类推。**若比丘，无明离欲而生明，彼无明灭则行灭，乃至纯大苦聚灭。是名《大空法经》"**云云。以上见《杂阿含经》卷十二。《大空法经》一词，在《杂阿含》卷十二中不止见一二次。盖即以说缘起义故，而称为大空法经也。缘生亦称缘起。起犹生也。**据此，释迦立十二支妙宣缘起义。虽复生灭双彰，**缘生义包含二门：一、流转门，观生。二、还灭门，观灭。曾说在前。彰犹阐明也。**而主旨在趣灭。**趣者，趣归。**易言之，要归万法皆空。**万法犹云万物。**龙树《中论》宗主《阿含》十二缘生之教，确尔无疑。**《阿含》谓《杂阿含经》。教犹说也。

《阿含》有云，处于中道而说法，所谓**此有故彼有，此起故彼起。**是谓缘生义。**缘无明行，**无明为缘，而有行与之俱起。**乃至纯大苦聚集。**乃至者，行以下各支虽不及列举，而悉包含之也。他处言乃至者，均仿此。以上是从流转说。**无明灭则行灭，乃至纯大苦聚灭。**以上从还灭说，见《杂阿含》卷十二。**释迦氏言，云何为《大空法经》，所谓此有故彼有，此起故彼起**云云。《杂阿含》卷十二，称佛住拘留搜调牛聚落，告诸比丘。据此，可见龙树《中论》："因缘所生法，我说即是空"云云，分明祖述释迦，岂无本而独创乎？**万法皆相依相缘而起，**万法犹云万物。**都无固定性，都无独立的实自体。故释迦以缘生法为大空法，其义旨冲微，**冲者深远，微者微妙。**诚有可玩者。**人情迷执小己，自视为独立体，正须闻大空法以解其蔽耳。然有可疑者，佛

42

氏以缘生是大空法，故众生之生本如幻化。而众生不自觉，则长劫流转，终无拔苦之期。一旦自悟，修清净行，则无明灭而行灭，行灭而识灭，乃至诸缘灭尽，归于无生。浩然大空，一切苦固尽，尽者，灭尽，下同。而人生实已俱尽，无量器世间亦俱尽，器世间见前注。将奈何？释迦诚亦虑及此，故说有二法，谓有为、无为。二法者，谓有为法及无为法。有为者，若生、若住、若异、若灭。凡物新起曰生，既生，得相续流曰住。（住者，凡物自其始生，至于未灭以前，确不是固定的东西保持下去，而是每一瞬间前物方灭，后物即紧接前物而新生。因其后物之生紧紧接续前物方灭之际，中间并无空隙，所以前后宛然为一物。譬如我，每一瞬间故我才灭，新我即生。故灭新生之间，未有空隙，而吾不自知新我非故我，他人亦只见吾之新我犹是故我也。其实，万物都是每一瞬间前灭后生，并非前物可以停住。惟万物皆于每一瞬间前灭后生，而后之于前总是相似、相续而流，故见万物俨然停住。）虽在住期而有变易故，曰异。（如金石虽坚固，而非无变异。生物有稚壮老衰，其异相最显。）毁尽曰灭。（如木焚而成灰烬，卒至灰烬亦灭尽，无所有。）无为者，不生、不住、不异、不灭，是名诸行苦、寂灭涅槃云云。诸行谓心物诸现象。苦谓诸行纯是苦也。诸行苦谓有为法，寂灭、涅槃，谓无为法，此明二法之别也。寂寂清凉，诸行苦灭尽，故云寂灭。此涅槃之德相也。（相字读为相状之相。）以上见《杂阿含》卷十二，佛住王舍城迦兰陀竹园时说。

　　释迦十二缘生义，余既引释如上。引和释见前注。首三支无明、行、识。联系为一，以表明生命是一团黑闇势力，反对大自在天及神我等说。外道之天神是独一的，是恒常的，此佛氏所反对。外道执有神我者，以为神我是一、是常，佛氏亦复反对。其实，佛氏之细心，即第六意，亦可谓变相的神我。然由无明为缘而行起，行为缘而识起，此三支同时俱有，只是一团势力而已,毕竟与外道之神我说有不相近处。总之,无明,为迷闇力。行,为造作力。识,为了别力。(了者觉了,别者办别。)三支会成一团势力,而了别实为主体。迷闇与造作并有威势,若无了别,将如无舵之舟,虽有破浪之勇而莫能辨向,可奈何?(此中以舵为识之譬喻。)故推动乎识者,无明与行也。承其推动而随机作主者,识也。(承其之其字,指无明与行。)无明、行、识,混然为一,众生禀之以有生命,万物禀之以成为物。(禀者,禀受。譬如众沤禀受大海水,以成为沤也。)释迦说十二支,而以识支为缘,遂生名色五蕴,(名色五蕴,作复词。)明示识支含初及二,而为众生与万物所由始也。(含初及二者,初,无明支,二,行支也。)玄奘释《缘起经》三种,盖皆大乘师根据《阿含》而作,然于十二支中首三支,都不曾体会释迦冲旨。

又复应知,无明、行、识三支,是将人生之本命推出去说,不同于外道妄计有天神,超脱乎人生与世界而独在。此其理智不蔽于凡情,未可以与其他之宗教并论也。

释迦氏之学说,本为出世的唯心论。惟其肯定众生皆有细心,死后仍受身,沉沦三有,三有谓三界,见前。遂发展为宗教。其实,释迦持论本富于哲学思想,与古代各派宗教之一神多神等论,大不相同。细心虽近于神我,而毕竟归于无明灭则行灭,行灭则识灭,乃至纯大苦聚灭。神我非其所保也。世之信佛教者愚而自私,乃贪求来生果报。此与佛法正相反。佛亦何能度此辈乎?

万物发展,至于佛氏所谓有情世间出现,有情,谓有知觉的众生,乃至最高级之人类。动物且勿论,而人间世之强者食弱,智者噬愚,此中所谓智,乃就有知识技能而习于诈诵、卑污,以自私自利者而言耳,非大智也。有大智者,其智慧恒与道德合一,常不失其物我无间之怀抱。无间者,浑然与万物同体,无有小我与万物相隔也。岂有相噬之事乎?愚有三种:一、迷阇无知,如动物及人之下愚者皆是。二、机权险诈之徒,历史上所谓枭雄者皆是。祸世而终归自败,愚之甚也。三、学见本原,而识足以辨是非,行守正业而不忍剥人以利己。此乃世间卑鄙之知识分子,与枭桀凶猘所共视为愚人,而实乃全人类中最大多数之善类,非真愚也。凶猘所噬者,善类耳。贪者侵廉,狡者贼正,巧者倾朴,倾,危害之也。诈者毁拙。毁,摧伤之也。拙者,守正而不诡者也。崇暴恶而侮贤善,此用佛语。远忠直而朋奸邪。此事不独古之君人者为然,私人交游,免于此者亦寡。人情近邪佞易,亲仁难。拥雄资者,剥穷困而无餍足。盗虚声者,抑实修而趋浅薄。王船山曰,"恶莫大于偷,偷莫甚于浅薄"云云,此千古不可磨之论。务虚声者逞志于社会,则实修之士不得不被抑,将率一世而趋浅薄。船山以此为戒,亭林亦然。至于战祸,极凶极惨,中外历史屡见,几令读史者疑人类残酷还过猛兽。若乃汉世藩王,无端逼迫善良之男女皆裸体伏大盆中,而驱使恶犬或毒蛇伤之致死,彼则睹其惨苦,嬉笑为乐。其办法奇惨奇毒,详在汉史。吾不忍述其事状。汉天子非不能禁,姑纵其毒害臣妾以及民庶,而无谋夺帝位之野心,则亦于己为便耳。从历史考察统治层之主者与臣僚罪恶,甚难信人性有善根。犹复当知,人类生活史,确有光明与黑闇两方面的表现。若偏从黑闇一方着眼,则人生无往不是造恶因,招苦果。人类寿命若平均计算,本无多岁月。纵有过百岁者,在茫茫人海中能得几人乎?且长而无始无终者,时也。设有及万岁者,其在无尽的长劫中,犹若刹那顷耳。长劫犹云长时。哀哉人类,昏昏造罪恶,吾不知其果何所为。为读若卫。自人类开化,有哲学思想以来,悲观与乐观两方均不绝也。余以为乐观是正观。但俗情颠倒，违反正理，习于非乐之乐，终不自觉。则此等乐观，非余之所谓正观也。譬如粪中蛆，生长污秽中，而以污秽乐其生也，不亦大可哀欤。人类常颠倒于迷闇之长途中，得佛氏揭其丑恶，庶几有省而返求其本性之所安，又何可弃之而不肯究欤？

佛氏之理论，以缘生义为骨髓。人生与宇宙都由众缘生故，不可说有造物主。又以由众缘生故，万有都无独立的自体，都无固定性，应说五蕴皆空。五蕴见前。所谓人者，即依五蕴而立人之名。所谓宇宙，亦依五蕴而立斯名。五蕴皆空，是《大般若经》之主旨。易言之，缘生义即是空义。《杂阿含经》集录佛说缘生义，而称为《大空法经》。十二缘生有还灭门，万有本来空，那有常住而不灭之物乎？又由缘生即是空故，乃可成立有义。若空义不得成，即是缘生义不得成。缘生义不成，即应说宇宙本来一切固定，为死世界。尚何所谓有乎？流转、还灭二门，实以相反相成而立，惟有流转，方有还灭故。空有二义亦是相反相成，若本无所有，凭何观空？迷者坚执诸有，悟者于诸有而观空。虽复不拒诸有，毕竟于有观空，此两大同归也。大乘分为空有二宗，故云两大。拒者，拒绝。大空、大有两宗，皆随顺世俗，说万物皆有而不无。但不许说万物是真实的东西，只谓之幻有而已。故于说有者不完全拒绝。然虽说幻有，而终乃于有观空。释迦说十二缘生，是为《大空法经》。大乘空宗实承其本旨。大乘有宗虽偏重谈有，而仍宗主《大般若经》《中观》等论，皆谈空之根本大典也。故观空是两大同归处，有宗亦不敢背释迦十二缘生论也。

龙树《中观论》，大空之学至此而大成。其源在十二缘生之

46

论，义据彰明。无着《瑜伽论》，大有之学从此开宗。其源在十二缘生之论，亦绝不容疑。《瑜伽》取材广博，运以精思，诚哉大典。惟其晚年综括一切法而主之以唯识，传授世亲，至于护法，虽亦以缘起为言，缘起，犹云缘生。实则纯凭空想，玩弄名词，组成论网。论网者，言其理论繁琐，如组织一繁密之大网。此无着学之末流也。奘师纳窥基之请，揉集《成论》，弘扬护法，《成唯识论》简称《成论》。并将世亲以外之学派，抑绝弗传。余不能不归咎于奘师之狭碍也。然无着建立赖耶识是染污性，则确承十二支中首三支之密意，根柢处究未背释迦。

今当略申二问：一、详究十二支中，人生本来迷闇，人心本来染污，无有炤明清净的善端，则修行莫有内在之因。注意。佛云：无明离欲而生明，如何可能？二、释迦首提出不生不灭之无为法，清凉、寂灭，此是何物，殆为无明灭，乃至生和老死，纯大苦聚都灭，才亲证得不生不灭之实相乎？实相，犹云万物之本体。中译佛典往往将梵文"体"字译作"相"字。相读若相状之相，余曾说在《体用论》。夫万物待众缘而生，有生即有灭，故佛氏以万物名之曰生灭法。生灭，简省之词也，应云生灭灭生。万物皆于每一刹那顷才生即灭，才灭又即生。如吾人，每一瞬间故我才灭，新我即接续而生。其变化之力，健而又健。从故我灭到新我生，中间绝无空隙，只是新故密密改换，相似相续而流。（后之新我与已前灭去之故我，根柢尚可辨故，曰相似。新我紧紧接续故我而生，瞬瞬如此。譬如长江之水，于一瞬间前流乍起即灭，后流又续前而起，是谓相续流。此义深微，详在余之《体用论》等。）生灭法如幻，本无实体。而佛氏乃逞空想，建立一种不生不灭法，说为生灭法之实体。余谓佛氏此说,乃宗教迷情之幻想耳。迷惑之情曰迷情。生灭法与不生不灭法,既划分两重世界,重,读若虫。互不可相通,互不可融合,云何妄说不生不灭法,可为生灭法之实体?云何二字,一气贯下为句。譬如说大沙漠可变成无量众沤,有是事乎?

佛氏说诸行是缘生法,行字,释在余之《体用论》。诸行,谓精神现象和物质现象。精神者,心之别名。诸行必待众缘会聚而生。譬如麦苗待麦种子及水、土、日光、人功、岁时等等缘,会聚而始生,故名缘生法。是生灭法,凡缘生的物,都是于每一瞬间才生即灭,才灭又即生。故缘生法亦称生灭法。是幻有而非真。凡缘生法,虽有而非真,故说如幻。

真如是不生不灭法,凡物有生即有灭,今佛氏说有至物焉,法尔自有,本来不生。不生即无灭,故又云不灭。至物者,佛氏以不生不灭法,号曰真如,是为万物之所共归向,故谓之至物。至,犹极也,言其真实至极,不可谓无。物者,本非物,而谓之物,不得已而假名之也。此乃就佛氏之本旨而释。法尔,犹云自然。佛氏以为,不生不灭法,绝不同于生灭法,须待众缘会聚而始有故。(绝不同于四字,一气贯至故字为句。故云法尔自有。)不生有二义:一、法尔自有故,根本不藉待旁的势力而生起,故云不生;二、法尔自有故,遂保持其法尔自有之性,而常不变易。如下引《大般若经》云"无为,乃至无生"是也。故又云不生。如上所说不生之两义都重要。不生义已明,则不灭无须更释。有生方有灭,不生即无灭也。是无为、无造、无作、无生法,无为者,无有所作为故。(有所生,便是作为。既无有生,即无作为。)无造者,无造作也。无作,犹无造也。无生,根本不变易其法尔自有之性,本来寂灭,未曾有所生起,故曰无生。上云无为、无造、无作,皆与无生一词重复而深明其蕴也。是真实不虚妄法,虚者虚无。譬如梦中见物,其物本空无,非实有故。妄,犹伪也。譬如幻术家变现某种物,(现,读显现之现。)而其物本虚伪,不可当作实物来看。佛氏说不生不灭法,名之曰真如,唯此是真实。(此指真如。)生灭法即诸行之通称。诸行者,色法和心法之总名。佛书中色法,犹云物质现象,心法,犹云精神现象或心理作用。世间所谓宇宙,只此心和物诸行集显,是名宇宙而已。所说人生,亦只此心和物诸行集显,是谓人生而已。云何为集显?集者集聚。显者显现。物质众分和心理的复杂作用,互相集聚,宛然显现万有,故云集显。(物质众分者,众谓众多,分者分子。物质元来凝成为众多粒子,《中庸》所谓小,是也。有问:先生以集聚之义说明诸行所由显现。就生机体而言,可如是说。至于无机物,则由物质众分集聚而显现为粗大之物,此说亦多可通。若夫太空无量诸天体,其彼此间之距离辽远,殆难以数计,何可说太空无量天体之显现,由诸天体之彼此互相集聚而然乎?是则集聚义有所不获通也。答曰:甚矣,子之固也。固者,固滞。汝身中各部分皆互相集聚而显现为全身耳。其实各部分之间,并非密密结合。诸天乃太空中大物,其彼此间有甚远之距离不待言。然诸天之在太空也,毕竟以互相集聚而显现为完整的全体,岂同于一盘散沙乎?集聚义,本诸释迦《五蕴论》。蕴者集聚之谓,此古训也。)佛氏总分二种法:一、生灭法,即诸行,是为虚无、伪妄,与梦境、幻境相同。(梦境谓梦中意识所现物,幻境谓幻术所现物,说见上。)二、不生不灭法,即真如,是为至真至实,超越生灭法而独在,所谓一真法界。是心和物诸现象之实体。

综前所说,释迦氏之宇宙论,实逞其空想或幻想,以构造两重世界。重,读若虫。彼所谓生灭法本来真实,彼指释迦氏。下彼字均仿此。而彼乃视为虚妄,犹如梦境幻境,是不悟生灭法之本真,本真谓生灭法之本性或真性。而纯由空想构成别一世界,所谓如梦境、幻境者是也。此中举空想,亦摄幻想。此为佛氏主观构造之一重虚妄世界。

又彼所谓不生不灭法,彼字同上释。号为心和物诸现象之实体者,是乃一真无对,一者无对之谓,非算数之一。复云无对者,重复以足

1# 存斋随笔

其语势耳。真者真实，**兀然超脱乎现象而独存**。兀然者，特立之貌。佛书中有法相一词，与近世通行之现象一名颇相当。余曾释在《体用论》。凡著书者，遇新名词之含义，有可与旧名相通者，不妨兼用新名，俾人易解。佛书中，一切心和物诸现象皆无固定性。易言之，皆是刹那刹那，生灭灭生，相续流而不暂停的东西。学者宜深玩。此义《大易》创发最早。佛氏谈生灭，在表面上看似与《易》通，而深究其持说之本旨，则佛氏偏于观灭以归空。孔子主于观生，以明大有与日新。得失殊途，不可同年而语也。《大易·观卦》阐明观生之冲旨。《大有》一卦义蕴深远。日新，见《易·大传》，其义宏富。又《大易》言生生，则灭已在其中矣。而不明言灭者，诚以凡物之生也，无守其故而不灭，所以才灭便生新。否则凡物初生，如果永守其故，则宇宙成为固定之死局，不复有生，不复有新，宇宙贫乏，将如佛氏所谓毕竟空无所有矣。（见《大般若经》等。）圣人观灭，而知灭者所以舍故生新。灭之为用，乃生生不已之至妙也。佛氏不能窥及此也。佛氏之不生不灭法本在生灭法之外，截然两重世界，各各不相通，各各不相容。故佛说不生不灭法，是乃超脱乎现象而独存，本不可说为生灭法之实体。此一世界，（指不生不灭法。）彼一世界，（指生灭法。）各各独立，何可说此是彼之实体乎？**佛氏厌离人间世**，厌离见《阿含经》等，由厌患之而求出离，曰厌离。**乃于现前生生不已、发展无竭的宇宙**，现读现在之现，后言现前者准知。**不承认其为真实，而视为如梦如幻之虚妄世界，岂不怪哉**。虚犹空也，妄犹伪也。梦中与幻术所现为有者，皆非实有故。（此中现字，读若表现之现。）佛氏将现前生生与发展的宇宙视为虚妄，此乃作雾自迷，甚可怪也。**佛氏既睹现前生生与发展的宇宙，而错认为梦境、幻境**，错认者，譬如愚人乍望见绳而误认为蛇，是为错认。**如此则佛氏之出世法，颇有同于空见外道之嫌**。印度古时有空见外道，主张一切皆空。佛氏将宇宙万有皆视为如梦如幻，竟无有一法可许为实有者，（法犹云物。）此与一切皆空之论，果何异乎？**佛氏亦虑及此，于是纵其幻想，**

驰于幻想而不知戒,曰纵。以为虚伪世界所谓生灭法以外,别有真实世界所谓不生不灭法在焉。此出世法之所以绝不同于空见外道也。要而论之,要者,谓举其大纲而论之也。佛氏划分梦幻与真实之两重世界,重,读若虫。纯由幻想而来。世亲《识论》引《厚严经》颂云"非不见真如,而能了诸行,皆如幻事等,虽有而非真"云云。非不二字,一气贯至非真两字为长句。世亲与其兄无着修大乘有宗之业。无着始弘扬第八识,世亲及其后学更完成唯识论之体系。玄奘弟子窥基传其论来中华,曰《成唯识论》。今此云《识论》者,省称也。《厚严经》是大乘有宗重要经典之一。此经之颂,其辞颇长,读者每不易解。实则经文之意以为,凡学佛法者,如欲明了宇宙万象虽好像是明明的,而实则确非真有。譬如幻术家变现幻事,虽有而非真。(幻事,犹云幻境。)宇宙万象似有而非真有,犹如幻事等耳。(等谓梦之类,可考《金刚经》。《金刚经》乃《大般若经》中之一品也。)然学者应知,必须实实见到真如,方可明了宇宙万象犹如幻事,虽有而非真耳,(不生不灭法号曰真如,更有别名甚多,兹不及举。)非是不见真如,而能了达宇宙万象皆如幻也。(非是二字,一气贯下为句。)余于颂中诸行一词,辄用宇宙万象为释。所以者何? 哲学上所谓宇宙者,不外心物两方面的现象,此世人所习闻也。吾曾见读佛书人,多有不知诸行一词何所指者,故注释宜通俗。《厚严经》此颂,佛家诸大菩萨莫不奉为神圣。修行而得正觉者曰菩萨。菩萨,译音,其义即正觉。据此颂之旨,必须实见真如,方能了达宇宙万象,犹如幻境,虽有而非真。余按,佛家本以真如说为万法之实体。此处万法即是生灭法,真如即是不生不灭法。万法一词即指心物诸行,用今通俗语,亦可云宇宙万象。若核名以定其义,则真如既是万法之实体,即万法与真如,无可割之为两重世界。而佛氏说万法是生灭法,犹如幻事,虽有非真。又说真如是不生不灭法,是为一真法界。法者,万法之简称。中译佛书中,界字有三义:一、体义;二、因义;

三、类义。须随文辨之。此中界字是体义。法界犹云万物之实体。一者，无对。真者，真实。唯真，唯一，所以为万物实体。佛氏之义旨如此。大乘群经莫不以万法皆如幻如梦，其源出于释迦氏十二缘生论，不容否认也。清辨《掌珍论》有偈曰："真性有为空，缘生故如幻。"缘生之义，本创发于释迦。偈中立宗，首以真性者，明其就真谛而说也。佛家知识论分别真谛和俗谛。谛之为言，实也。世俗所认为实有者曰俗谛。菩萨见真理，则其在真理上所认为实有者，方是真谛。真性指真谛也。佛经说有为法者，法犹物也，有为，谓万物皆待众缘会聚而生。如稻禾，待种子及水、土等缘会合故生。稻禾如是，一切物皆然。有生即有灭，有生之物，无暂时停住故。才灭又即生。以其生灭灭生故，称之曰有为。为，犹动作也。凡物皆有生灭，即是有动作变化，故名有为。有为法乃心物诸现象之通称。云何有为空？空犹无也。此偈以因明宗、因、喻三支论式，断定有为法本来空，无所有。本来空云云，见《大般若经》。而世俗认为实有者，则因实用而起妄情故尔。尔字，回指上文世俗认为实有。今克就真理而说，则不可随顺世俗，当断定有为法元是空无。故立宗云，真性有为空。

问：有何所以，可以成立有为是空乎？所以，犹《墨辨》之所谓故也，在因明则谓之因。若断定有为是空，而不能举出其何以是空之充足的因由，则此等断案决不可成立。答：万物皆是众缘会合所生起的东西，是名缘生法。缘生法都无有实自体，都无有独立和固定性。如前所举稻禾，若将种子、水、土等缘一一拆散，哪有稻禾可得乎？此乃断定万物是空之充足的因由，故此断案不可摇动。

如幻者，此乃就幻事取譬，以证成其因也。缘生法皆非实有，取譬于幻术家所变现之幻事，虽宛然似有，而核其实际则本是空无。取譬至此为长句。佛经处处谈缘生法如幻，其工于持论，亦复可观。但此中喻支，在古因明不以为过。陈那以后，喻非取譬之谓，乃搜索证据以成立其因，则此喻似乎有过。诚以宗支总举有为法，包括已尽。宗是三支之一，故称宗支。下因支、喻支，共三支。因支、缘生，是一切有为法所共有的通理。佛说凡物必待众缘会聚始生。此乃自然之理也。通理者，缘生之理，既是一切有为法所其同遵循，故谓之通理。此为佛家各宗所公认。又凡物缘生故，即无实自体。无实自体故，即是空。此又是佛家各宗所公认。综上所说，宗因二支，自吾侪从旁考核论师之偈，只是将其所已知之事理，排列为三支论式，而实无新的发见。根本不须立喻支以无新证据可搜集故。论师喻支中如幻，只可以幻事作为有为法是空之譬喻，不能对于缘生故是空之因，作一种新发见的证明也。总之，佛家自释迦至小大诸宗，后先相继，总是凭主观空想肯定生灭法，亦名缘生法，所谓诸行，是为虚伪的世界，为空。诸行本为心物诸现象之通称，而亦名法相，犹俗云宇宙万象，说见前。法相一词，详在《体用论》。佛家本好弄名词，但因义理有分际故，须别为之名。如法相一名，即对法性而立，是其例也。

又复凭主观空想，坚执有不生不灭法，亦名无为法，缘生法是有为法，不生不灭法即是无为法。所谓真如，真者，真实。如者，恒不变易其寂灭之性故。是为真实的世界，是为法界大我。法界犹云万物之实体，曾释在前。大我者，世人皆依形骸而计执为自我。（计者，分辨之谓。人皆内自分辨，生来为一独立体，而与万物或他人对峙者是为我。执犹持也，系也。）由计有我故，恒自爱护，譬如贪人手持宝物，坚牢系恋，不忍不肯一念放下。人鲜不愚，梦梦一生，谁有一念暂放下我执乎？（我执见佛经。）佛氏则破斥世人执形骸为我,而实承认众生各各有一神我。(此中实字读者须注意。)佛家大小诸经论,释迦后学总分小乘、大乘两巨派,两派又各分出众多支派。本广破外道之神我论。故自佛法来华,中土哲人莫不曰佛法是无神或无我论者。中土犹云中国。佛法指佛氏学说。及余初研佛氏经籍,颇疑前贤所见陷于迷雾。研之既久,乃喟然曰:佛家明明是神我论,而必猛攻外道,毋乃多事。虽恐外道迷执神我,将有如蚕作茧自缚之患。故不惜对于外道破除神我,使其迷失所依,便不复生迷,执亡所托,当不复起执。使字,一气贯下为长句。其字指外道。所依、所托两词皆指神我。外道信有神我,故迷即依神我以生,执遂托神我而起。今将神我破尽,则迷执靡有依托也。此意详在大乘《瑜伽》等论三性说中。其名词太繁,故不引证。余按,释迦氏《杂阿含经》说十二缘生,遂有大空法经之称。后来大乘三性说中,其第二性即空缘生法,以破执之所依。盖推演释迦本义。奘基师弟朋比世亲唯识之论,不主张空缘生。然就真谛言,缘生法仍不得不说是空也。此一问题甚深远,详说必另为专著。佛氏以为,破迷执者,必将其为迷执所依托以起之物,一直破尽,其结果必令众生归于空见。易言之,即使众生肯信一切皆空。吾未知其可也。吾举一譬,有人夜入暗室,望椅子而不睹其实象,即以为鬼,此便是迷。破其迷者,须以种种理由说明无鬼,又当正告之曰:是处当有椅在,则迷者便朗然大悟矣。若破迷者,不令人自悟有椅在,则其人虽去鬼迷,必又以为室内只是空空洞洞,一物无所有。如此,则迷于鬼者转而迷于空。迷于鬼不过暂时之一失,迷于空,不务实事求是,将成毕生之大惑,不亦悲乎?夫入暗室而见椅,则迷以为鬼。鬼之迷以有椅在,为其迷情之所依托而起,只莫知是椅,误认为鬼耳。破迷者欲破其见鬼之误，不得不示人以椅。否则将引人以迷于空，而其害不可胜言也。佛氏攻破外道之神我论，而于人生真性顾不能有所启示，佛氏以人生始于迷闇，本不悟人生真性，故以出世法立教。此其大失一也。佛氏如不信有神我，而破除外道之迷执神我，自是事理当然，余何敢议？惟余详究佛典，浩浩三藏，佛典分三藏，曰经藏、论藏、律藏。佛所说为经。菩萨造论，则有宗经与释经之二种。律者，戒律。佛为弟子随时制戒。（为，读卫。）修行以戒为重，故其书别为一藏。无论其持说若何高远深密，要以轮回一信念，为其敷陈无量义之根柢。轮回者，盖以人生不可误认形骸为自我，而实别有一物焉，潜在于形骸中而为其主公。其字指上之形骸。主公，本玄奘语。此物既为形骸之主公，当唤作甚么？设问也，下即答之。是在外道，则通名之曰神我。在佛家，则自释迦门下已有传授师说，称此物为细心，是第六意。余曾说在前文。可覆看。后来大有崛兴，大有，乃大乘有宗之简称。承释迦之六识说，更加第七第八二识。眼识、耳识、鼻识、舌识、身识、意识，是为六识。此释迦旧说也。自是佛家心理学，遂有由六识而增至八识之创说。其第八识，名曰阿赖耶识。以后简称赖耶。大有诸菩萨皆说赖耶识甚深细，凡愚不能了。深者，不可测其底蕴故。细者，细微，其作用隐微，难觉察故。凡愚虽自有赖耶识，而莫能明了也。据此，可见大有开演深细之赖耶，实从释迦门下传授之细心而来。大概小乘诸部对于细心无甚发挥，释迦逝世后约四百年，弟子传其法，世世不绝。然皆小乘之学，大乘尚未兴也。及大有成立赖耶，其说渐广。

余考大有经论，其谈赖耶，盖由两方面的思想混合而成。

一、宗教和唯心哲学的思想，即承继释迦之细心说而不失

55

其宗也。上座部说细心是恒现行的。恒者，永久之谓。现者，现在。行者，流转。此言细心从过去到现在以趋于未来之未来，永久是现在，无有不在之时。永久在世间流转，流转，即轮回之谓。无有断灭时。断，读若旦。此说自上座部传至大有，始终无改易。大有之赖耶是恒现行的。虽唯识论中说修行之功可以克治赖耶，而转化为第八无垢识。然修行如不力，则赖耶毕竟恒现行也。赖耶与细心，两名似异，其义则一也。余故断定佛家犹是神我论。不是无神，不是无我。此处断字，读若担。其诋毁外道，用自标异，实不应尔。玄奘造《八识规矩颂》，其颂第八赖耶识曰："去后来先作主公。"佛经言人之死也，其赖耶识将复受身，必于父母交合时投入母腹，自此成胎儿。故曰来先。人当命终，赖耶必于最后舍离形骸而去。（形骸，即身之别名。）故曰去后。据此，则赖耶即是神我，无可立异。

二、大有阐明赖耶，亦有科学思想杂于其间。阿赖耶一词，译音而非译义。若以义求之，应说为藏。中译佛经，亦有译作藏识者。藏者何，谓第八识是习气或种子所藏之处也。云何为习气？云何为种子？设问也，下即答。人生而有欲，复杂至极。略举其大，曰生存欲、曰男女欲、曰名声欲、曰权力欲。前三欲本人道之正。然生存所需，期与大众各足耳。而人之有势位者，剥人以自奉，其贪无餍，则非人类之欲，乃狼贪耳。兽类惟狼最贪。男女之爱，其合以义，人伦之礼也。苟合则非正欲，而同于鸟兽牝牡之交矣。名声，君子非不欲，而决不屑求。非不欲者，名不可厌，以其为实修之影响，足以引人向善也。名声，简称名。不屑求者，君子求诸己。进德修业，以培养与开拓其内在的无量潜能，辟发无尽之藏，有如"雷雨之动满盈"。《易经·屯卦》语。道积于身，此道字，就其修养与解悟所造之境界及见诸事业而言。**泽洽于物**，不离群而独善故。名与不名皆与自性无加损，何足计乎？细人务名、争名、盗名，不修其实，全丧其在己之无尽藏，不亦悲乎？权力欲根本不应有，此乃猛兽逞强以噬弱之毒习，人类犹存之而未脱耳。圣人之于万物也，曰辅相、相，读若相状之相。曰曲成。辅相，谓领导人群者必与世界人类平等协和，互相扶助。曲成者，顺万物之性与其所能，而委曲以成全之也。（万物指人群，后仿此。）此皆孔子《易经》之义。圣人固不肯以权力控制万物也。然而人群事变万端，当群力交推，是非淆乱之会，圣人张天下为公之大道，导引万物实践乎大道之中，则顺众志以持天下之大权，合众武以成天下之大力。圣人亦不废权力也，但决无借权力以逞私欲之事。余平生之学，主张四欲不可遏绝，当导之以正。然而圆颅方趾之类，不妄纵其欲者无几。夫欲之为物，物字虚用之，以回指上之欲字。动而不容自止者也。所欲不可得遂，得遂者，得其所欲，成为事实之谓。而欲之动势终不可止，卒成惯习，是名习气。习气已成，不会消失，但每遇外缘压抑，而潜伏于吾人不自觉之深渊，深渊，在佛氏即指第八赖耶识而言，余则指下意识。遂成种子。种子者，取譬于物种而立此名。物种者，如稻和豆等，皆有种子。问：何故以潜伏之习名为种？种子，简称种。习气，简称习。后皆准知。答：凡意欲之动，意中起欲，曰意欲。无论其得遂与否，得遂，见前注。要皆成为潜伏之习。每一种潜伏之习，都是一种势力，虽在深渊中，而有生生之机，故名种子。每一类之种，遇机缘即争图出潜，而跃现于意识界，成为新的意欲活动。此习气与种子说之大略也。余于佛家本义，多有变通。如世亲唯识一派之论，主张眼识至第七识，各各熏生自种。熏生自种者，如眼识熏生自己的种子,不熏生耳识等等种。眼识如是,耳识乃至第七识皆然。余按此说太死板,不可尽依从。大概世亲后学空想太多,每无义味。凡立义有事实可据而不妄者,令人玩索有滋味,故云义味。无据即不成为义,便无味。若辈说眼识见青色,便留下一种习,此习不会消灭,即潜入赖耶识内成为种子。后来此青色种,可遇缘而生起青色。如此谈义,真戏论耳。余按熏种之义,当返在自家内部生活中来体会。孔子教颜渊,有非礼勿视、听等说。此意深远。非礼之视,当下便成不净之习。此习确不曾散失,即潜存于不自觉之渊,下意识。便已熏生秽种。此种还要乘机发现,能使人的官能和意欲随他运用。他字,指秽种。人虽欲不流于污下,何可得?熏种之义,就眼识举例固可,就耳识等举例都无不可。但余之意,并不是将识破作七个也。此中不及详。余窃谓大有诸师说第八赖耶识,实有见于下意识。独惜其宗教和唯心哲学之信仰太重,毕竟是从有神论的观点来成立神我,而不是从心理学的观点来说明下意识现象也。佛教自释迦以至大有诸师细心与赖耶识等说,都是神我之别名。譬如换汤不换药,不可受其蔽也。蔽者,蒙蔽。佛教实坚持有神我,而欲自别于各宗外道,遂不用神我之名,而别立名目甚多。此中不及详。

佛家为一大事设教,诚以有神我故,始有轮回。轮回故,纯大苦聚集。纯者单纯。单是苦故,无有一毫乐事相杂也。大者是大苦故,非小苦也。众生各有神我,长劫沦溺于生死海。长劫犹云长时。此所谓长者,是无始无终之长。生死海指世间。《瑜伽师地论·本地分》中,有寻有伺等三地之六,说生艰辛,生谓一切众生。艰者,困难。辛者,辛苦。"汝等长夜,驰骋生死,谓奔驰生死于长途中。身血流注,过四大海。所以者何？汝等长夜，或生象马驼驴牛羊鸡鹿等类中，多被砍截身诸支分，令汝身血极多流注。如于象等类中如是，人中亦尔"云云。佛说众生长时昏冥，故言长夜。又《大毗婆沙论》一百三十五云，"汝等长夜经此劫数，无量百千。在于地狱、傍生、鬼趣及人天中，受诸剧苦，生死转轮，未有尽期。何得安然不求解脱"云云。佛教说众生之类甚广，有六道之说。道犹路也。如神我受人身而生于人中，是为人类的一条路。诸天受天身而生于天中，是为天类的一条路。（佛说天神亦是众生之别一类，但与人不同类耳。）还有地狱、傍生等道。（傍生即鸟兽也。）此不必详。按《大毗婆沙论》是小乘多数大师合作的一部伟大典籍。五百卷。《瑜伽师地论》更是无着菩萨博采从来诸大乘师遗说而断以己意，遂制成材料极丰富、体系极宏广之高文钜册，千载称为《大论》。以上两书，俱载轮回的神话。印度古时民俗坚信轮回，故神话多耳。佛经中常说众生无始以来，互为父子。盖以神我轮转，当然有互为父子之事。宗教中硕学大师亦不能超出迷情。宋明儒读《华严》《楞伽》诸经，稍通其意者，便谓大乘菩萨神解超物，物犹人也。言其神解特睿，超出于人也。不应信轮回，当是顺俗而谈，导人于善耳。余按宋明人持此说，实未详究佛典，以贯穿其理论之体系，深探其思想之根柢，故妄以己意推测佛说耳。实未二字至此为长句。《大毗婆沙》曰，"生死转轮，未有尽期，何得安然不求解脱"云云。已引在上文，可覆看。佛教经典，浩浩三藏。其本旨所在，《大毗婆沙》此处一语道破。佛家厌离世间之思想，确不可与哲学界之厌世主义者同年而语。同年者，同等或相近之意。不可同年而语者，言两方极相反，不可作同等而说也。佛氏悲愍众生各有神我，长劫沦溺生死海，无拔苦之期，于是广说出世法,教以修行求度脱。教以至此为句。修行方法之繁密与功力之严峻,皆为人间世宗教及哲学诸家所不得而比论者。其大要,归于断惑、观空。断读若旦,断灭一切惑也。佛观众生心之一切发动,无不斥之曰惑、曰染、曰迷、曰执。详究唯识家说心所法。众生未修行者,其心作用之动,全是惑染迷执而已,无有一毫善端。其实,佛氏所斥为惑者,确有不可说是惑。此处不及论。而佛氏欲令众生断尽一切。果从其说,众生将成为无生之物,有是理乎?释迦氏说,三有起于三爱。小大诸宗旨相承弗替。三有即世界之别称。三爱者,爱犹贪也,惑也。众生妄心,对于世界生贪惑,便有世界变起。贪惑灭,世界亦灭矣。释在前文,十二支中爱支、有支,宜覆看。依据佛氏教义,其本旨要归于反人生、毁世界。小乘诸部守师法,诸部,犹云各派。虽不必深达释尊义旨,而大体弗违也。大空、大有诸菩萨畅论空有,空观至矣。观一切物,缘生、如幻,现象界已空。又复析物质至极微,而物质性空。物质可破析,即其自性本来空。析时间至刹那,而心理现象的连续性空。大哉空乎,一切扫荡无余。众生坚执宇宙实有,坚执世界实有,上二语,可作复词看。坚执人生在世间,一切可系恋,而不悟其迷乱颠倒之大苦也。自佛氏观之,一切皆空,荡然离系。如蛛裂网而逍遥,如蚕破茧而自在,岂非至乐哉?

或有难曰:先生之幽赞空观也,可谓美矣。然先生乃舍佛而归孔,其故何耶?答曰:释迦氏以度脱众生于生死海,为其长劫不懈之誓愿。后学亦承之不倦,可谓难矣。佛法本以信仰为主,而理智与思惟,只为其信仰供说明与辩护之用而已。为,读若卫。佛说万物由众缘会聚始生,此非不根事实之谈。如稻禾,由谷种、水土、阳光、肥料、人功、岁月诸缘会合,稻禾才能生起,是事实之可征者也。又复当知，如将稻禾所待以生起之众缘一一拆散，即无有稻禾可得。据此，则稻禾是缘生法故，本无实自体。事实明著，不容否认。然则佛氏说缘生法如幻，岂可疑其说之全无是处乎？故设此问也，下答。余初研佛法时闻此说，此说，指上引佛说缘生如幻。颇赞美佛氏善持论，然犹未敢许以不曲解也。佛说缘生之物，便同于幻术家变现的幻事。此等见解，究有偏曲之过。所以者何？万物无有孤生，无有独起，此物待彼物为缘而得有，彼物复待彼彼多物为缘而俱有。万物之杂多，而实相依以生，相缘以起。相依及相缘，作复词看。此非凭空得有是事，亦不可说偶然乍现幻象。现字读变现之现。当知万物共有一元。此一元者，不是超脱万物而独在，乃是遍在乎万物而为每一物内在的宝藏。元者，无定在而无所不在。无定在者，不限定在某甲身上，亦不限定在某乙身上，是为无定在。无不在者，自某甲、某乙，乃至无量数的人以及无量数的物，要皆共同禀受一元，以成其为物、为人、为人中之某甲某乙。是故一元无所不在。识得此旨，则一元何以为每一物内在的宝藏，将可得而言。宝谓一切宝物。藏谓储蓄一切宝物之库藏。凡物皆禀受一元以成为物，即每一物在其初受生时，已含缊有前途无量发展的可能。此即物所禀受于元者也。（一元简称元。）物若无元，便是佛氏所说为如幻的物。如幻即无所有，凭何说发展乎？今见一切实物皆是发展的，以此证知万物皆禀受一元而生起，故有无量发展的可能。是故应说一元是每一物内在的宝藏。《易·大传》曰，"言天下之至赜，而不可恶也"云云。余按此处天下一词，盖指太虚而言。仰望而不可推其高之所至，曰天，俯察而不可测其深之所极，曰下。故曰指太虚而言。若谓古时中国广大，众小邦归附，便有天下之称，则与《易·大传》此处言至赜者绝不相合。至犹极也。赜者幽远义。幽者，幽深。远者,宏远。圣人作《易》,上穷理根至于乾坤之元,是为弥满太虚,幽深而不可究其所潜蓄之美富,弘远而不可疑其有终尽之末期。圣人所以说为不可恶乎? 恶犹厌也。理根一词借用郭象《庄注》。博观万物,析其散殊之理,以会通于最上与最普遍之原理,是谓贞于一。贞之为言,正也。理之散殊者,纷繁至极,岂止千条万绪? 要必会通于一,即有统而不紊。不紊谓之贞。故理之一者,是为众理之根也。(众理谓散殊之理。)乾道大生,万物禀之以成性。此性字乃性命之简称,详在《乾坤衍》。坤道太素素犹物质也。太者,赞词。见《易纬》。万物禀之以成形。形者,如无机物之形体。大者,太空诸天体,细者,或一微尘,皆各成形体也。生物则植物之形軀,动物之形骸或身躯,通谓之形。离乾坤无万物,万物之形和性,即是乾坤故。离万物亦无乾坤。乾坤非超脱万物而独在故。故乾坤即万物也。乾坤,不可当作两片物事来猜拟,只是一元实体之内部本含有一阴一阳两方互异之复杂性。此性字是性质之简称。譬如说火性炎上,水性流下,是水火之性质互相异也。会通乾坤以归于一元实体,一元实体可作复词看。他处仿此。即理根昭揭,而万物贞于一。如此,即一一物都是真真实实,尚何厌恶之有乎? 佛氏只说缘生,而不悟缘生法共有一元,即不见缘生法有实体。故随其厌离人间世之边见,边犹偏也,用佛书名词。而妄断定缘生法如幻。断读若担。怀边见者,不可入幽远之理。此学佛之徒所宜戒也。

《大传》又曰,"言天下之至动,而不可乱也"云云。句首言字,盖孔子之言也。上引《传》文"言天下之至赜"云云,其句首言字与此处同。天下一词,详在前。圣人发明卦爻之理,盖以充塞太虚之万物塞犹满也。皆是变动不居。不居者,谓其无有暂时停住也。佛氏亦说诸行才生即灭,刹那不住。佛家以心作用和物质现象通称诸行。行者迁流义,以心物皆变动不居,故名之为行。刹那者,佛氏分析时间至最短速,名曰刹那。中华人言一瞬之顷者,或可以比于一刹那之短速。佛说诸行于每一刹那顷才生即灭,故云刹那不住。中华学佛者,颇有以佛氏此说与《大易》变动不居之义相符合。实则圣人于变动不居,观其生生不已。佛氏说,凡物每一刹那才生即灭。他只提一灭字作主。如窗前绿草,经过无量数的刹那,总是每一刹那才生即灭。这样看来,便将万物归结到一个灭字而止矣。若据《大易》来看,恰与佛氏相反。《大易》提出生生两字作主。生而又生,曰生生。绿草经过无量数的刹那,总是于每一刹那那顷才生即灭,才灭又新生。如此说来,万物自无始以至无尽的未来,从一方面说是故故不留,从另一方面说是新新而起。起犹生也。故故者,故而又故也。新新者,新而又新也。如由今日望昨日,则昨日已故。不曾留也。推而上之,则已往皆成故,皆不留也。是为故故不留。又复当知,昨日之物今虽已故,不曾留,但在昨日原是新生。上推已往,皆如是。今日之物虽新生,倏忽将成故,亦不可留。然今物之在今也,确是新生。由今日而测明日,以至无尽之未来,又莫不随时新生。是为新新而起。佛氏于刹那不住,观其灭而又灭,究归无生。西来意,毕竟不可掍同于圣学。理学诸儒谈及佛门禅学,辄曰西来意。印度在中华之西,禅学自西土传来,故儒生讥禅徒持守西来的意思。圣学指孔子之《周易》。犹复须知,圣人说"至动而不可乱"者,诚以万物虽变化密移,不守其故,变化密移者,《易大传》载孔子说"变动不居"云云。按不居之义极深微。譬如吾人前一瞬之故我,即于前一瞬灭绝。后一瞬之我,恰紧接前一瞬方灭之故我而新生。(故犹旧也,对后新生之我而名故。)计吾人之一生,经过无量数的瞬,而每一瞬间总是故我刚灭,新我即接续而生。易言之,吾人故我与新我之推移历时总不过于一瞬间。其变动之猛迅,如是谲怪。此谓变动不居,亦云变化密移。而万变不已之中,要皆具有轨范。_{轨范，犹云法则或规律。}故曰不可乱也。佛氏观缘生法如幻，即是万物皆空，当然不复研究万物的轨范。佛氏之道不为科学留地位。_{为，读若卫。}此其所以为出世的宗教也。

综前所说，佛氏由迷信有神我，长劫轮转生死海，大苦无出拔之期，于是有厌离的思想发生，以观空、断惑为其修道之实功。_{断读若旦。断尽一切惑曰断惑。言断惑，即有其修断的方法。言观空，即有其修观的方法。此不及详。}其理论，则以万物皆待众缘而生故，都无实自体。_{万物待众缘而生，即万物无有独立和固定的自体。万物都无自体故，即是空。}自释迦氏倡发此义，后来小乘、大乘诸宗一致祖述释迦。虽持说日益推广，而缘生要旨，_{要者，主要。旨者，义旨。}为出世法之骨髓。_{此法字指佛家学说。脱离生死海，是为出世。佛氏以为，世俗所谓宇宙人生，即是心物诸行。而诸行皆是缘生法，无实自体。故欲众生明了缘生之义，方能观空、断惑，出离生死海。可见出世的学说，以缘生义为骨髓。}虽大有之说缘生，盛张有教，以挽沉空，_{说诸行皆实有，以此教人，是为有教。沉犹陷溺也。释迦首说缘生，已有《大空法经》之称，曾见前文。小乘喜空教者，犹笃守师说。及大空诸师崛兴，则空尽一切，后学有隐溺于空之病，不可无以挽之。无着、世亲兄弟所以起而盛张大有之教也。}然无着张有，犹未离于龙树《中观》。_{兹不及详。}玄奘祖述无着，弘扬世亲、护法唯识之论，而犹拼命译《大经》。_{《大般若经》简称《大经》，乃大乘最伟大之宝典。阐明空义，至此经而极。大乘师共尊为群经之王，诸佛之母。奘译此经，竭尽精力，深恐命尽未得卒业。幸而功成，奘师遂逝。}佛教自释迦以后，渐有大小之争。小乘之徒复各成部。_{部，犹派也。}大乘之内，别两鸿宗。_{鸿犹大也。两者，空宗及有宗也。}学说繁广，要以空教为出世法之正脉。_{阐明空义以教导众生，曰空教。}

上来核定佛家神我之信念，并申明大小诸宗学说广博，而释迦氏倡发之缘生义，始终为其后学各宗所共同祖尚，而莫有舍弃。祖者，各宗皆以缘生义为其持论之宗旨也。尚者，崇尚此义也。不了缘生，即不能观空。了者，明了。不能观空，即不能断惑。法海汪洋，若扼要而谈，正是禅师所称佛法无多子也。余按缘生法本不即是空，已辨正在前。惟佛氏有厌离之想故，遂以缘生与空义结合为一耳。参考龙树《中观论》。释迦说十二缘生，分流转、还灭两门，详在前文。灭到最后，则首三支俱灭尽。即无明、行、识三支都灭尽。细心不复留，即是神我不留。一直到后来大有之学，犹主张舍弃赖耶识，不丧释迦正法眼藏。自佛教来华，中国僧徒与文人、诗家之学佛者，乃笃信轮回，宝爱赖耶，希求来世得善果。岂不悖哉？覆看十二支中还灭门。

有问：佛氏既主张灭去虚妄性之神我。释迦说十二支中之首三支，其识支中细心即是神我。首三支联系为一，是虚妄性，覆看前文。大有之赖耶识，犹神我也。赖耶是染污性，即虚妄之谓。大有亦主张舍去此物。然则众生将灭尽，岂不同于空见外道乎？印度古代有空见外道。空见者，谓其对于宇宙人生作一切皆空的看法。答曰：释迦氏说生灭法即是缘生法，都无实自体，而别说有不生不灭法在。佛氏导化众生修清净行，观空、断惑，乃至舍神我、断轮回、断读若旦，谓断绝之也。消灭生死海。其将同归于不生不灭之乡乎？后来大乘菩萨以不生不灭法名之曰真如，亦名法界。界亦作体字释。法犹物也。法界犹云万物之实体，曾说在前。更有甚多别名，此不必举。大乘《庄严经论》卷三曰，"诸佛于无漏界建立第一我，是名法界大我"云云。《庄严经论》简称《庄严论》。无漏者，清净义。中译佛书"有漏"一词，不染污义。而以有漏为名者何？盖以迷妄之识，本染污性，不堪容载善法。譬如腐坏之器，纳物其间即便漏落。染污之心，犹如漏器，故名有漏。无漏者，有漏之反。清净性故，是乃一切善法所依之而起，不可以漏器为比，遂称无漏。无漏界者，有漏界之反。有漏界谓生灭法界。"法"字，连上"生灭"二字，读。生灭法是一种染污的世界故。此复有二别：一、有情世间。如地球上最低级生物至最高级之人类，通称有情世间。二、器世间。自大地以至太空无量诸天体，皆器世间也。若乃植物之形体及人的身躯，皆属于器世间。上说有漏法界，实为佛氏之所必须空除。除，犹去掉也。观生灭法，缘生如幻，本来空，即是将有漏界去掉了。今说无漏界者，《庄严论》有曰，"佛说第一我者，第一无我，谓清净如"云云。《庄严论》卷三中语。按此等处难于简单解释，又不便繁文，姑强为释。第一我者，即指大我。云何大我？下云"谓清净如"是也。如字乃真如之简称。玄奘以前，译真如一名只用一如字，罕有加真字者。如即不生不灭法，是万物之实体。如亦名法界，乃至法性、涅槃等名。清净者，真如是清净性故，不为无明等染污法之所障故。障，犹蔽也。譬如太阳，不为云雾所障故。如之性清净，故称清净如。问曰：《论》文"谓清净如"四字之上，有"佛说第一我者，第一无我"十个字。既云第一我，而复云第一无我，此何义耶？答曰：第一我即是大我之别称。其称大我为第一者何？设问也。下即答。诸佛说法界是大我，法界，即清净如之别名，已见前。此义最特殊，故称第一。云何特殊？众生迷乱，执形骸为自我。佛氏所极力破斥。众生迷执有神我、轮回，佛氏亦信有神我、轮回，但以神我为染污性，决不保留此物，轮回则是众生长劫轮转于生死海之大苦。佛愍众生，发大悲心，欲令众生度脱苦海。故上二我，二我者，一、迷执形骸为自我，二、迷信有神我。皆众生之所狂迷、爱护，而佛氏则极力开其惑、破其愚。二我皆不可迷执。故《论》曰：《论》指《庄严论》。此《论》依《庄严经》而作，本称《庄严经论》。今从简称。"诸佛于无漏界建立第一我，是名法界大我相"云云。相字读若相状之相。诸佛已舍有漏界，而得无漏界。有漏界是染污法，诸佛已断灭之，故云舍。（断，读若旦。）无漏界指清净如，释在前。惟舍染故，方得净。染不除，即无从得净也。染者，染污或杂染之简称。净者，清净之简称。诸佛以清净如为第一我。彼盖有深意。众生以非我为我，形骸本不可执为自我，而众生执之为我，是以非我为我也。及迷执神我，以长劫沦溺于生死海，是皆不能自知有真我也。诸佛独悟清净如为第一我，是名法界大我云云。此乃诸佛所信为与众生共有之真我耳。法界即清净如之别名。大我即第一我之别名。其义本不异，而名又不一者何？此我即清净如故，名第一我。（即字，正显我与清净如本是一而不可分为二。此义特殊，说见前。）此我是诸佛与众生同体故，是名大我。（同体者，诸佛与众生同以清净如为第一我，非众生各有之我故，又名大我。）

上来已说第一我即清净如，即字注见上。而《论》文"谓清净如"四字之上，有"第一无我"四字，余犹未及释，今当略说。按无我之我字，据释迦及大小乘之通义，当作二执解。无我即是无有二执，不是无有清净如之第一我或大我也。此处是佛法观空达于极地，地者，修空观所达之境。极者极顶，无有加乎其上者，是名极地。扫荡一切，浩然离系。伟哉大雄氏之大自在也，何得而称乎？或问：无我是无二执，公之创解乎？抑佛氏之本义乎？答：余谈佛法，何可由吾创解，以窜乱佛家本义？吾子曾研佛法，不应狐疑若是。佛家经论及诸疏记，有说人法二我，有说我执法执。后一说中,我执法执并举,与前一说对照,似不可相通,其障碍惟在一我字耳。佛家好多造名词,又好用简省之词。简词或失当。造词多者,如皆精析、正确,固甚可喜,若繁琐而无义旨者,易滋混乱。佛书中颇有此病。如上所举两说,后一说中我执之我字,本是与人字连合为一个名词。其只举一我字者,乃简称耳。前一说中人法二我之我字,则应作执字释。注意。若能明了后一说中我执之我字,是人我这个名词的简称,则是以人我的执与法的执双方并举,便知两说本来一致,何有不相通乎?惟后一说之我字是简词,故读者难辨耳。吾昔年每见读佛书人于此等处未能明辨者颇多。今者吾说无我是无二执。汝疑吾曲解,正是汝有病在。学者当知,佛家修行方法的着力处,完全在破人法二我。易言之,破人我执和法执。此是出世法独辟之理想,奇特的精神。余尝言,出世法本旨,实在对于万物大生、广生之洪流,毅然逆而阻之,将令其断灭。万物一词,包括人生和众生,乃至无量物质宇宙均在内。断读若旦。佛氏确是反人生、毁宇宙,而敢于抗拒造化。此云造化,不同于庄子所谓造物者,乃指万物内在的实体,所谓大生广生之洪流是也。其自称大雄无畏,诚哉然也。余虽不敢苟同于出世法,而人类有此一派思想,亦可为人间世贪痴凶残之徒,给以大棒大喝。为读若卫。世人诋余毁佛,非独不知余,又何所知于佛乎?

今当回顾前文,略释人我执和法执。且先辨法与人我。法字在佛书中是随处应用,普遍至极之公名。佛家分别一切法为两种:言一切,即无所不包。一曰生灭法,缘生法、有为法,皆生灭法之别名耳。即心灵和物质等通称为法;心法与色法诸名词,佛书中常见。色法即指物质,此不及注。二曰不生不灭法。释迦创说有此,此字,指不生不灭法。其后学相承,遂给予不生不灭法以真如、法性、法界、涅槃等等别名。_{别名甚多,今不尽举。}如上两种法,其第一种生灭法,相当于今时谈哲学者所称现象界。_{省称现象。}第二种不生不灭法,相当于今云宇宙实体。_{省称实体。}是为读佛书者所万不可不知。然大乘诸书中,更将一切法分两种:一曰有法。_{有者,无之反。有即不是无,故曰无之反。}一切有的事理,通称曰有。二曰无法。_{无者,有之反。无即无所有,故曰有之反。}凡言无者,约有二种:一、事物之暂无于此时此处,而彼时彼处不无,但于此时此处确是无,此谓有限之无。二、本无某种事理,而纯由于空想或幻想所构造者,此谓毕竟无。凡事理之纯由虚构,无论何时何处永远不会有者,是为毕竟无。古今学术思想界,凡由空想所构成之事理,在其未经当时、后世学者予以精详、准确之驳倒与改正时,往往流行普遍,公认为事理实然,是则以无为有。及经驳正,而后其说自熄,其所虚造之事理,卒归于毕竟无。有问:事理之实有者,人心莫能明见,则亦以有为无?答曰:事理法尔存在。_{法尔犹云自然。}人虽莫之见,而于其实有究无所损。且一时之人有不见,未可曰异时终莫有能见也。大乘有宗无着菩萨提出有和无之二法。此在认识论中,应当讨论。_{无着只提出有法和无法,而谓世之说理者,应该于有法则说有,于无法则说无。其言只此二句,见《瑜伽师地论》。}无着本矫正大乘空宗一往谈空之弊,故分别有无二法,不许说一切空无。但其持论,终不能超出于出世法之范围。何以言之?依无着之主张,则生灭法即现象界本是实有,而无着说为幻有,_{虽许生灭法是有,而不肯许为实有。}则与空教之论,不过百步与五十步之殊耳。空教者,以万有皆空之论教导众生,故云空教。万物实体是真实有，世亲《三十论》中谓真如是真实有，今借用其辞。而无着继承释迦以来之不生不灭法，以此说为万物实体。殊不知，生灭法与不生不灭法明明截然划开，分作两界，不可沟通。注意。又不生不灭法是僵固的死体，生灭法由众缘而生，亦不是由僵固之体而成，如何可说不生不灭法竟是生灭法之实体？此其说有，本非有的真相，余已驳正在前。最谬者，以生灭法为幻有，即将宇宙人生而看作空幻。人道将何由立？此余所不敢苟同也。陶渊明诗有旷远冲淡之趣，而杂染佛徒西来意。览其诗集，《归园田居》六首有云："人生似幻化，终当归空无。"又曰："吾生梦幻间，何事绁尘羁。"王船山嫌其颓废，卓哉睿识！千载来论陶诗者，未见及此。士习于颓废久矣，罕见自觉，其能识陶公乎？陶公染出世法，其于孔子所见亦未深。《饮酒》二十首有云："羲农去我久，举世少复真。汲汲鲁中叟，弥缝使其淳。凤鸟虽不至，礼乐暂得新。"渊明盖以孔子悯人之失其真性、习于诈伪种种恶行，遂为之制礼乐，以补救人生之败缺。弥缝者，为之制礼以纳人于规矩，为之制乐以导人于温和，是所以补救人之败缺。譬如衣破则补合之，是谓弥缝。"凤鸟"见《论语》。古时圣人在上位，则凤鸟出现，为祥瑞之象。《论语》称孔子叹"凤鸟不至"，实自伤不得行道于天下也。礼乐暂新者，孔子作《礼运》及《周官》两经，以变古礼。渊明在晋世。盖古时传说，晋世未尽泯也。唐以后，遂不知有此事。参考余著《乾坤衍》。按渊明以弥缝一词表明孔子之志事，其诬圣人亦甚矣。彼非有意诬圣也，彼指渊明。其知不足以知圣也。上知字读智。非其知短也，其指渊明，下仿此。其学杂乎出世法，不能扩充其知以上达乎贞观、贞明也。贞观、贞明，见《易大传》。贞，犹正也。夫弥缝者，衰世乘权处势之徒，依仍旧社会败习，务为一切因循苟且之政，名为补缺救敝，而实惮于革去故，鼎取新之远图。革，去故也。鼎，取新也。见《说卦》。自衰周、六国，以至近代，数千年之治道，道犹路也。治道犹云为治之路向。不出弥缝一途。中国不振，由来旧矣。其偶异乎因循者，若卫鞅、孝侯、秦孝公。韩非、吕政，卤莽灭裂。《史记》称其惨酷，又不足论矣。孔子内圣外王一贯之学，唯以健德为主。内圣不及谈。今论外王，则《易》有"穷则变，变则通，通则久"之根本原理。《礼运》主张消灭王、侯、大夫三层统治，以天下国家为私有之乱制，王以天下为私有，诸侯以国为私有，大夫以家为私有。古代大夫之家，犹小国也，子孙世有之。是谓三层统治。孔子主张消灭。而开导万国庶民同出而创立天下为公与天下一家之制度，极乎裁成天地、辅相万物之盛德大业。孰谓孔子以弥缝为事乎？自六国时小儒改窜孔子六经而造伪五经，仍假托于孔子。汉唐诸儒生一致宗主小儒之伪五经，而六经真相遂掩。渊明向往出世法，自视其生在梦幻中，前引诗句，可覆看。亦非真正留心于圣学者也。吾侪从伪《周易》探索圣人本义之偶存者，圣人指孔子。可见《周易》原本之宇宙论，其持说一本于正观。宇宙全是真真实实、活泼泼地。圣人说"生生不已"、"变动不居"，又说"大有"，又说"日新之谓盛德"云云。皇皇正义，炳然如白日丽天。学者若于圣言有深远之体认，何至为佛氏如梦如幻之戏论所移乎？佛经屡责外道为戏论，实则佛氏亦未能免此。渊明自称"少年罕人事，游好在六经。行行向不惑，淹留遂无成"云云。向不惑者，《论语》载孔子"四十而不惑"。渊明自述借用此故事。盖是时渊明年近四十故也。渊明自叹学六经而无成。千载大诗哲，不自欺如此。余年虽暮，敢不勉乎？余平居喜读陶公诗，觉其昭旷之怀，不由强学所至，盖天真

自然流露。余有不畅时,急取陶诗读之,胸间滞碍顿消。其感人
之力甚大。余平生深念,晚周道家思想至劣,甚阻碍圣学之流
行,助成暴秦之祸。圣学之外王思想,倡导人民群起革命,详在《乾坤衍》。
后汉佛法来华,首由道家迎合。当神州扰乱之惨,而虚无与空幻
等恶劣思想勃兴。如细菌乘不良之气候而大发展。虚无指道家。
空幻指佛家。甚可痛也。晋世思想界,道佛合流,而佛自外来,新
兴最盛。渊明学杂道佛,而佛之成分尤多。分读份。余论其世,
而不胜惋惜,曾欲注陶诗而未暇。今于此中涉及渊明而不觉其
言之蔓也。

今当回顾本文,上来解释佛书法字。上来谓前文也。此用中译
佛书文法,于每一大段后用上来两字,以结前,然后启下。他处未注者仿此。
就宇宙论而言,佛氏则分别两种法:一曰生灭法,二曰不生不灭
法。就认识论而言,佛氏亦分别两种法:一曰有法,二曰无法。
余审核佛氏以生灭法为幻有,实与彼之所谓有法者全不符合。
彼字指佛氏。下用彼字者均同此。而幻有乃其主观方面空想之所妄
造。若其以不生不灭法,说为万物之实体,万物指生灭法。余亦驳
斥在前。彼所肯定为真实有之不生不灭法,空想所造,当然属于
无法之列,而乃以无为有。总之,佛氏分别两种法,其一生灭法
即现象界,彼说为如幻如梦之境,不承认为实有。佛家诸经论,常以
生灭法说为如梦。陶渊明自叹"吾生梦幻间",实本于佛。余谓佛氏反人
生、毁宇宙,确甚错误。从来研佛法者,皆莫能搜寻其学说之体
系,以握定纲要,"皆莫能"三字,一气贯下。纲者,大纲。要者,主要的旨
趣。更未有深探其思想之根柢者。佛之徒大概坚信轮回,爱护
神我而懈于人道。若辈不曾认识佛法是何等思想,不曾明了佛

氏是若何之一种宇宙观、人生观。自江左以至近世，佛法在中国实无好影响。五代以后，儒林染佛氏之教外别传，而变为理学。学术思想日益闭塞。人才衰敝，族类式微，其原因虽不一端，而出世法之传染于思想界者，其遗毒不浅也。今先释法字，而征述佛氏理论之大要。但仅示其略，不及求详。征者，征考，以得其实也。述者，称述，而不敢以己意乱之也。大谓纲领。要谓主要的意思。佛氏出世法，实以分别生灭与不生不灭二法为其理论之大要。学佛者，依此理论而开知解，当然以佛氏之知解为己之知解。此云己者，设为学佛者之自谓。佛氏教学者从闻而入，闻即闻佛之理论。易言之，即学习佛、菩萨经典（理论在经典中故。）闻而后思，思必依于其所闻诸佛说之范围以内，求通佛氏之理论而已，不可背叛佛说也。亦即依此理论而起修行。

综上所说，只是尽先解释法字方好发挥一大段文字，提示出世法之纲要，而予以辨正。至于法与人我两词之分，尚未说及。衰年提笔，随意所之，不暇预先布局，分条析理。有时开端于前，而后莫继。记忆衰减，不获贯穿前后，此吾曩时所不及料也。今当明辨法与人我两词之义界。

法字之含义，此中不及说。吾曾有释法字义一小文，将可附于本篇之后。上来已说，法字在佛书中是最普遍之公名。宇宙万有，无论精神、物质、任何现象，通称为法。宇宙实体亦名为法。佛书中说不生不灭法或无为法，皆其证也。无为法，即是不生不灭法之别名。无着《大论》，《瑜伽师地论》，亦称《大论》。分别有法和无法。有法者，如前所举万有现象或现实世界，皆世间所共许为实有者，通称有法。无者有之反。本来无有某种事物或某种道理本来二字，一气贯下。即决不可说有某种事、理。无着云，无则说无,不可以无为有。讲认识论者,正要慎防以无为有之过。如释迦氏于生灭法自身以外,又别建立不生不灭法,而说为生灭法之实体,此是根本错误。我相信,实体是真实有,但决定不肯承认生灭法自身以外,别有不生不灭法,可以说为生灭法之实体。"但决"二字,一气贯下为长句。我敢断言,如佛氏所说之实体,是其空想所造,其字,为佛氏之代词。当属诸无法之列,不得以无为有。凡推论之术,必以感官的经验为根据,而后其推理不至陷于迷谬。佛教之学风,其高材莫不擅长冥想。冥犹寂默也。于寂默中独逞空想,是谓冥想。辨析则条分缕细,不惮繁杂。条分,谓其运思与持说,常分别众多条理,如木之枝条分出也。缕,丝也。凡纤细者谓之缕,此以比譬分析法之细密。睿照则穷大极深,超越寻思。睿,明也。佛氏修净行而得正智,焰然大明故。照者,洞彻万法之实相。(相字,读若相状之相。实相,犹云万物之实体,所谓不生不灭法,亦称清净如者是也。)是乃学穷乎至大之域,修极乎湛深之境,故非世学寻思境界。(世学者,佛家以世间知识之学名世学。)寻者追求。思者思辨。世人用心于物理世界,常作种种追求、种种思辨,是谓寻思。菩萨之睿照,则超过世学寻思境界。以上皆依据佛家群经众论之意而撮述之。余窃叹佛氏辨析虽精,而甚背实事求是之常道。道之至正而不可易者曰常。智慧虽超出尘凡,而其以宇宙人生皆如梦如幻,则不谓之倒见,不得也。有问:佛氏说生灭法,亦名缘生法,都如梦中境,如幻术家所变现之幻事,并未说宇宙人生皆如梦和幻。答曰:汝读书只记名词,不求其义。须知宇宙者,万物之总称耳。佛说万物于每一刹那顷才生即灭,没有暂时留住,所以把万物唤作生灭法。人者,从万物发展至最高级之灵物也。人,只是心灵物质两方面的现象集聚一团,便唤作人。佛说心法和色法同是每一刹那才生即灭,所以人生与万物同是生灭法,同是如梦如幻。(心灵,佛氏叫作心法。物质,佛氏叫作色法。色字有广狭二义。狭义则以青黄赤白等颜色,名之为色。广义则以物质或诸实物,皆有实质故,通名之为色。然狭义自在广义中。倒见者,谓其见解不合于正理,名之为倒。）

上来说法字,有生灭与不生不灭二种法之分。凡充塞于太空,无穷无尽的事物或理道,其为吾人感官之可得而感,意识之可得而思者,皆可名之为法。甚至吾人设想,从来未见有龟毛、兔角,此际意中作无想,即以无名之为法。上两无字皆是名词,不可作动词看。故曰法字是至普遍之公名。

附记:中文物字是最大之公名,不论有形无形的东西,皆可名之为物。法字与物字亦可通用。旧译《中论》云:"以是四缘,万物得生。"按此译不用万法二字,而用万物,亦取其通俗耳。但佛说四缘所生法,是通心灵和物质两方而言,而中人习闻万物一词,每以为专指外在的实物,则失去心灵一方,便大误。若唐贤译此处,必用万法,而不用物字。余详玩奘师译佛书,每顾虑世俗习用之词,或失之浅狭泛滥,决不轻采用之以译佛典中名词。决不二字,至此为句。如般若即译音,而不用中人口头惯用之智慧一词,即是一例。盖口头惯用之词,虽或有本于故籍,而俗间传说既久,往往失去学术上之深意,不可轻于采用。

法字在佛书中是至普遍之公名,甚至吾人意中作无所有之想,即时出诸口而说无,则无亦应名之为法。故读佛书者,遇着法字,须随上下文而酌定此法字之所指目。如佛家经典中屡见出世法一词,则此法字是指佛教的教义或学说。至于佛说生灭法与不生不灭法二种之分,已见前文。正是出世法的弘纲要旨。

出世法者,世谓世间,佛氏则谓之生死海,以众生各有神我,长劫生死轮转于世间故。出者,出离生死海也。法者,盖佛氏修习净行,而悟出离之道,(道者,道术。)始创立教义或学说以度众生也。弘纲者,谓其学说之大纲。要旨者,谓其学说之条理繁密中,有主要的义旨。**追维释迦出家学道,实以不住生死为其本愿。**住者,安住之谓。释迦悲愍众生起惑、造业、(业谓一切不善之作为。)于生死海沦没无依,故以不可安住生死海导化众生。**其为道之方法,**为,犹修也。**要在观空、断惑。**断,读若旦。断者,灭绝之谓。佛书中惑字之含义甚深甚广。佛氏谈人生迷惑与杂染处,确深远、细密、痛切。学者宜返己省察。但其反人生之主张,有不是惑而以为惑者,不可无辨。**故其宇宙论,不得不攻破婆罗门大梵天之说,**婆罗门信有主宰一切之大梵天有变化的力用,得为万物之第一因。**而特创缘生之论,谓万物皆不由天神而生,只是此法对于彼法为缘,彼法故得生。**缘犹藉也。如此法对于彼法作一种凭借,彼法得生起故。**彼彼法对于彼彼法为缘,彼彼法俱得生。**彼彼者,彼而又彼也。上下均云彼彼,极言物之众多,莫不以互相缘而得生也。**释迦以十二种缘成立缘生义,以此说明宇宙所由始,人生所由生。解悟俊利,甚可惊叹。然彼乃以缘生义与空义相结合,**彼字指释迦。**万物皆由众缘会合而始生故,即每一物都无有独立和固定的实自体。万物都无有实自体故,又不得不作断定之辞曰"万物皆空"。**断读若担。**释迦缘生如幻之论,为后来小乘大乘所一致继承。后贤虽有参加新意,而大旨不变释迦之旧。出世法之方法论,以观空为利器。**观空,即照见万有皆空,而执有之惑自破。应说观空是修行出世法之利器。**故出世法之宇宙论,决定不可承认宇宙人生是实有,否则与观空之术不相应。**应犹合也。**佛氏缘生法即是空之论,余诚不敢苟同。然佛氏必将宇宙人生说成空幻,以明造化可对抗,大生广生之洪流可遏绝,生死海可枯渴,成其大雄无畏之壮论。人类思想史上有此一派思潮,当然是有最高智慧者,烛照尘浮生活梏亡灵性,不堪大苦,尘谓物质。人的实际生活,常追求物质之享受而无餍足。浮者蠢动之谓。人生世间,为饮食、男女、名利、权力等等而奔逐者,(为读若卫。)与虫鸟之吸取营养而蠢蠢然动者无异也。又复当知,自古以来善类常孤,而凶人恒以诡谲煽惑众庶,卒得乘权处势,祸成倾国,毒流天下。(如希魔之在德国,即其例。)佛说人间是种种罪恶丛林,三界为火宅。(佛说世界有三种,人类在欲界,其为火宅也更甚。)岂不悲哉!于是浩然有度尽一切众生,粉碎太空无量诸天,寂灭为乐之高愿。寂灭为乐,见《涅槃经》。大哉佛法,岂可与中外哲学史上下劣之厌世思想同年而语哉?吾国人之学佛者,多迷信轮回,而欲为冥冥不可见之神我,希求来生福果。为读若卫。自私自利之根,尚欲留存于死后,不亦愚而可悯欤?佛教自细心以至赖耶识诸说,实皆与外道之神我说不异。吾故正其名曰神我。曾见前文。余于佛教之神我、轮回说,决定存而不论,惟笃信先圣"人能弘道"云云,广大深远,难为不知者言。先圣,指孔子。余自问体会殊不浅,而修养愧未至。此意容当别论。余平生相信,王阳明提出良知以教人,其得力处实本之于圣学。圣学指孔子之《易经》。吾于平常日用之地,惟求念念发自良知。如有杂染之念起,蔽良知而自居主动之位,蔽犹障也。譬如浮云起而障了太阳。吾人良知之明究未尝不在,要当返求良知以克去杂染耳。此事说来甚平易,而人生不随杂染念头以障蔽良知者,恐古今无几辈。学佛人倘因信有神我轮回而修行,正是培养自私自利一大恶根,可不畏哉?十二支中还灭门,灭至识支则细心即神我,岂可留存?大乘舍去赖耶,犹是释迦遗教,极须留意。吾望世之学佛者,猛发清净心,培养对抗造化之力量，为众生拔一切苦。拔者，拔去。

有问：佛氏建立不生不灭法，而说为生灭法之实体。先生绳正其谬，可谓千载闇室之孤灯也。然佛氏精于思惟，何为有此大谬乎？答曰：此其故无他，佛教元始思想即释迦的思想。本以度众生出离生死海为其唯一愿望。生死海，谓世间。世间本是外在世界之别名，其所以有此别名者何？据佛书，释世界一名云：世，为迁流；界，为方位。余按迁流是时间相，（相字读为状之相，下相字同。相犹形式也。）易言之，即万物莫不有故灭新生、前后迁流不已之相。（不已者，时间无有终止故。）方位是空间相，易言之，即万物莫不有共生并著、彼此联系、分布之相。（分布，即有方位，所谓空间相。）故世界一名，乃万物之总称，（注意。）与宇宙一名正相当。（世界与宇宙两名，若依心、物而分别之，则心唯有时间迁流相，而无空间分布相，心无形无象故。物则兼有时空二相。）世间一名，与世界一名微有别。世间之世字，与世界之世字同是迁流义。然举世字即含界字在内，不是专就时间相而言也。大概世界之名，是世人公认其为外界独存而立此名。世间者，则以众生皆存在于世界中故，遂以众生所在之世界别名之曰世间。故二名微有别耳，并非有两个世界。

出离生死海者，众生有惑习气，即有神我轮回。惑习气，指十二缘之首三支，无明与行及识三者联系，而识为主体，是皆惑性。惑性犹如习气，可流转，亦可灭。识支中细心，相当于神我。佛氏以神我为可灭之物，无固定性，故名惑习气。众生贪有，故造起世界与万物。大觉，一切惑习灭尽，则神我自灭。贪欲灭尽，则世界俱尽，诸有俱尽。尽者灭尽。

《华严经》说"三界唯心，此心字是虚妄之心，非清净心，即下所云识也。唯心者，世界是心之所造起故。万法唯识"云云。万法犹云万物。识者，妄心之别名。万物皆是妄心之所造起，故云唯识。问：上已云三界唯心，何故又说万法唯识？答曰：世界是至大之物，故说在前。万法，则于大物以外总举一切物而言之耳。余详究佛法，确是以独断至极的唯心主义，而坚执出世之教。佛氏所谓一切惑，乃至贪欲等等，皆妄心也。妄心对于世界及万物为因缘，能令世界及万物皆得俱起。俱起者，随从于妄心，而同时并起故。妄心如遇对治而灭尽，则世界及万物皆随妄心同尽。对治者，众生修习清净善道以对治妄心，则妄心灭尽，妄心尽，即世界和万物同尽。至此，方是出离生死海。

从来学佛人对于出离生死海一词，往往不求明了。此处无确解，则佛教思想之根柢未曾掘发出来，即其理论之体系，亦复茫然不可搜寻。佛教来中华千数百年，普遍深入于社会。庶民迷信，莫明所以。高僧传其法，名士慕其风，虽若辈所造广狭浅深不一致，要其对于佛教同有认识模糊，莫睹真相之病。求其有能认清出世法确是反人生、毁宇宙，终归于不生不灭、清净、寂灭之乡者，余盖未之闻也。"求其"二字，一气贯下为句。乡字，见庄子《逍遥游》篇"无何有之乡"云云。按人情以其生长之地为故乡。游子离乡日久，终当还归其乡。庄子乃有所谓"无何有之乡"而思归于此，是乃无归之游魂耳。庄生之学本与佛氏不同，而不无一点相似处。佛氏以不生不灭、清净寂灭法为大我，（见前。）以与庄生之无何有相比较，殆有互相似欤。

出世一词，在社会流行普遍。未读佛书者亦能传说。顾求其本义，则僧徒、居士罕有确解，况其他乎？余在清季，尝见刊物载南海康氏有"即世间即出世间，即出世间即世间"之说，时贤皆赞为妙论，余窃疑之。后稍读佛书，乃知康氏真瞀说耳。余昔年曾问一名居士曰："出世者，其即消灭世间之谓欤？"居士闻而恶之。余曰："君学佛而犹贪恋世界，殆无佛性欤？"居士怫然。余固知其终不悟也。自释迦倡说十二缘生，亦称十二支。首以无明、迷闇力。行、造作力。识虚妄分别力。三支互相联系为一，而主之者识也。识得无明与造作二法为缘，即与二法俱起。俱起者，识与二法同时并起故。识以分别力最胜，斡运乎无明猛势与造作迅利之间而为向道。斡者，主领之谓。运者，运行。向道，见《孙子》兵书，为行军之领导者也。此借用其词。故曰三支联系为一，而识其主也。佛法卒成唯心之论，盖自十二缘生之首三支，识支为主，固已启其绪矣。宇宙何由始？即此识等三支为大始，而成无量梦幻界。界者，世界之简称。众生何由生？即此识等三支为广生，而成纯大众苦聚。纯者，不杂，纯是苦故。大者，方其苦极大也。用《阿含经》语。佛说人生有四大苦：一曰生苦，（自胎儿至出生以后、未死以前，总说为生。生即是苦，无有乐时。众生以有生为乐者，乃颠倒耳。此虽出世法之偏见，然其慧解甚高。观察众生杂染至深细，其说自有不可非者在。世有凶人惑重恶深而不识苦者，应当猛省。）二曰老苦，（老苦及病死二苦，皆从生苦中特别提出来说。）三曰病苦，四曰死苦。厌苦之念笃，故拔苦之志猛。拔苦者，拔去之也。诸论多言拔苦。志猛，故勇于断惑、断贪爱等，惑是一切恶之通称，无论大恶小恶，未有不起于惑者。人能断惑，决不作恶。孔子曰"智者不惑"，此千古定论。贪欲等等，则是于惑中特别提出来说。惑是总相，（相字读相状之相，下同。贪爱等是惑之一一别相。佛书谈心所法处，宜详玩。断字，皆读若旦。）乃至消灭细心，消灭人生。细心即是神我，说见前。小乘、大乘皆以人名之曰相续，盖以人各有神我，从太始以至无尽之未来，总由神我轮转世间，无有断绝。人虽有前生今生之别，不过如昨日今日之异耳。从人之神我而言，则人乃现身继续前身，实未尝死也。故佛氏为人取一名号曰相续。为读若卫。佛教神我轮回之信念，坚定不移。出世思想之根柢，实在乎是。佛氏悲愍众生各有神我，长劫轮转于生死海，沦没无依。劫谓时间。长者，时间之长，推其前莫知其始，究其后亦复无终。生死海谓世间。沦没者，众生由有神我故，而长时陷溺于生死海，无有终止之期也。无依者，茫茫大海，浪涌涛奔。（喻人间世甚多不平）。众生漂流其间，无依无恃。佛氏群经众论，皆以众生沦没生死海之苦，而发大悲心。释迦临终时，弟子问："今后无师，奈何？"佛言："以苦为师。"学者如欲明了出世法真精神，则世尊末命不可不深玩。（佛号世中尊。临殁时语是末后之命。）余谓"以苦为师"一言，义旨深远。但苦之所由来，佛氏并不是在人生和现实世界无量事实中，观察诸有情类，备受种种苦，更详究其苦之因缘何在，（因缘，简称因。）方可图谋拔去一切苦因。（"但苦之所由来"，一气贯至此为长句。情者，情识。佛氏以众生皆有情识，故名之曰有情。）佛氏却不正观人生和现实世界，来解决一切苦之问题，而乃凭主观的信仰，以为众生各有神我，长劫轮转生死海，是为一切苦之主因。释迦氏倡说十二支，顺流则由首三支以至第十二支，老死支。纯大苦聚集。可覆看前文。有问：人死即如烟消云散，无所有。释迦氏应该于老死支说人已死，即一切苦都如烟消云散，无所有，而彼竟于老死支已无话可说时，赘以纯大苦聚集一语，岂不怪哉？答曰：善哉汝之问也。依佛教，人有神我，长劫轮回，即人之死不是生命断绝，而是身躯当改换一番。佛氏把人唤作相续，本无死也。如某甲现身坏时，坏者，消灭之谓。神我即于他处投胎，受人身或他类身出生于世间。（亦名生死海。）如某甲从无始以来，凡所造作集成一切苦因，并不随前身消散，神我再受身时，其以前之苦因，还要发现于后身。龙树《中论·观业品》即详此义。以上说顺流。今次说逆流。顺流是顺生生之流，由首三支以至老死,总是如此在生死海中漂流。逆流者,不顺生生之流,而必逆以绝之。《阿含》等经及诸论,所谓还灭是也。(已略说在前文,可覆玩。)如从生支逆而返向已往,一支一支逐层灭去。就生支说起,于生不起贪欲,唯修厌离,则生自灭。厌离一词见《阿含经》等。观生即是苦,而深厌之。由厌而思离。离者,出离。《杂阿含》说厌离五蕴,即是于身心各方面,乃至身所联系,与心所感通之太空无量世界,皆其所厌离也。(《杂阿含》称佛说厌离五蕴。而五蕴首色蕴,其中有诸大种。谓之大种者,以相状大故云云。据此,则大种即指太空诸天体或无量物质宇宙而言。此既属五蕴中色蕴,其为佛氏所厌离,有明文可征。)生灭故有灭。有灭故取灭。自生支与有支逆而返求各支,以至首三支之初支无明,总是逐层还灭,抵于无明灭而始止。佛教自释迦开山,即坚执有神我、轮回,但避神我之名而别称细心,称,犹名也。属十二支中第三识支,即第六意。释迦授之门下上座,流传未泯。后来大乘有宗承之,以立赖耶识。《解深密经》颂云:"阿陀那识甚深细,阿陀那识,即赖耶识之别名。此名之含义,兹不及释,恐文繁故。深细者,深谓其深藏,细者微细。非若意识之域可自觉也。大乘阿陀那识是以上座细心之说为根据,分明可见。一切种子如暴流。大乘菩萨说赖耶识,含藏一切种子,能发生万有的现象。这些种子,在赖耶识中是每一刹那舍故生新,如暴流然。种子并非固定性也。我于凡愚不开演,恐彼分别执为我。"佛氏自言不向凡愚演说赖耶识,恐其闻之而妄起分别,以为同于外道所信之神我也。据此可见,释迦与其弟子上座之细心,及后来大乘之赖耶或阿陀那识,本与外道之神我说无甚异处。唯佛家说赖耶识含藏一切种子,则外道谈神我者未能及此。然种子说甚繁,有许多长处,亦有许多短处。此不及论。要之,细心、阿那、赖耶三名虽异,其实是一。一者何? 其大旨则以人之形骸虽死,而有一不死之物。此不死之物,若谓其与外道之神我说有异,何必多此一番无味之纷诤乎? 吾仍以大乘为神我论。十二支还灭门,灭到识支,细心必灭。易言之,神我必灭。大乘赖耶识终必舍除,(舍除,犹灭也。)犹未改变十二支要旨。可见大乘确是释迦嫡嗣也。问:佛氏主张灭神我,此与断见何别乎?(断者,灭绝之谓,屡见前。断见者,谓世人有一种见解,以为万物终当断灭,不可妄冀其复生。如人死已,千载不复活。持此等见者,是为断见。)答:佛氏破断见甚力,经论可考。十二支以无明、行、识三支联系为一,识与迷闇相近,是染性故。(无明是迷闇力,识与之相近,故说识是染污性。《大论》等说识是虚妄分别。)上座所受于释迦之细心说,其于十二支中属识支第六意。(释迦氏只说六识:一眼识、二耳识、三鼻识、四舌识、五身识、六意识。佛殁后,由小乘至大乘,谈说约分两大派。此不及详。)余按佛在世时,盖已分别意识为自觉的与不自觉的之两方面。大概佛氏修静定,已返观到下意识现象。在大乘经论中谈赖耶识处,颇可搜得此类材料。此是一方面。另一方面,佛氏宗教信念笃厚,毕竟信有神我斡运乎自身之中。(斡者,主领义。运者,运行。)佛氏有教外别传,即禅宗一派。其所谓主公,实与神我无大异。惟阳明讲良知,特教学人从知是知非、知善知恶处认识本心,不失孔门规矩。(本心是本有的,非后起的,故名焉。本心首见《孟子》书,不由达磨带来。)总之,佛法本出世之宗教。宗教未有持无神之论者。佛教之异于其他宗教者,只是不信一神,而深信多神耳。众生各有一神我,长劫轮转于世间,此非多神而何?但佛氏以神我为杂染之物,常令众生陷溺于生死海,备受众苦。故不得不勤修净行,以灭此染性之神我。(神我亦简称我。)染性之我才灭,而净性之我即于其时接续而新生。《杂阿含经》说:"无明离欲而变为明。"(曾引在前文。)可见染性之识,亦当离欲而变为净。识与无明同在首三支,联系为一。识必与无明俱变,何疑之有乎?识支以第六意之细心为主,细心即神我,一切识之所依故。此处虽通举识支,而余按《杂阿含》,实侧重细心。读者宜知。

后来大乘舍除赖耶染识,而有无垢净识生起,恪遵释迦本义也。佛法本以生灭法、缘生法实即世间所谓宇宙人生。说为如幻,说为都是空。而犹随顺世俗谛，世俗共认为实有的物事，是名世俗谛。不坏缘生义。不坏，犹不破也。易言之，承认其为幻有。虽有而是幻，不真实故。虽幻而伪现有象，亦非全是空无。现字，读出现之现。此佛法所以远异于空见外道，更非断见之论可同年而语也。有问：佛氏已于万物观空，而又曰观空不证者，何？问者引《大般若经》之语，以相难也。答曰：证犹知也。但知义有别，余且略说二种。一、世间公认之一种知。如《大学》所谓格物之知，必须屏主观之弊，以考察外界实物的性能与轨范等。积验、积证，而后成为正确、精密的知识，是为世间公认之一种知。二、佛氏有所谓内证离言之知。内证者，内自证知，非倚感官经验而始有知，亦不待推论而始有知。故曰内证。有问：公称佛氏内自证知。我欲问公，佛氏知个甚么？答曰：会通大乘经论而言，惟佛内明称遍。内明者，释迦氏修行成道之后，发见人生本有内在的明觉，亦可简言明。是为内明。称遍者，大乘群经称佛氏曰遍知。遍者，普遍。谓佛氏之大明，彻通一己与万法之源。一己，设为佛氏之自谓。万法，犹云万物。源者，本源。一己与万物，同以清净如、寂灭为本源。佛氏彻通万法之源，故称佛氏曰遍知。此云万法，即摄一己在内。下准知。大乘《胜鬘经》言“彻法源底”，即申此义。彻法源底者，谓彻通万法之本源和极底也。按极底者，譬如江湖之深度达于极点，谓之底。万法之源，幽深至极，故以极底一词形容之。佛氏知个甚么，此问可谓切问。所问切要而不浮泛，故曰切问。余今告汝，近求之《四阿含》。释迦殁后，弟子记录其生前面授之辞，为《四阿含经》，最足征信。从此入门，是求之于近也。广求之大乘群经众论，大乘空有二宗，经论弘博，故须广求。蔽以《胜鬘》“彻法源底”一言，此谓知之至。引《胜鬘经》省去经字，佛书中此例甚多。至者，至极。佛氏以为，知的作用，经过深远的修养与发展，佛家讲修行的方法极繁，而层级更多，此不及谈。到最上境地，得大菩提。菩提，译音。其义则可略言之曰"无上正觉"。无上者，谓无有加乎其上也。方能洞见一己与万物之源，所谓见真如是也。真如，亦名清净如。大乘宏阐真如义，实根据释迦之不生不灭法而推演之耳。离言者，据大乘经与论之旨，修行到成佛以后，其见真如，绝不是一般学者所谓一种见解，以为一己与万物共有一源，叫作真如，绝不是三字，一气贯下为句。而是亲证真如。证，犹知也。这个亲知的意义甚深。正亲知时，绝无有记忆与想像、推求等等作用发生，而是知与所知浑然为一，无有分别，故说为亲知。所知，谓真如。易言之，正亲知时，知外无如，真如，简称如。下同。如外无知，知与如亲冥为一体。冥者，默然不起思辨，而实不同土石之块然无知。庄子有言，"所谓明者，非谓其明彼也，自明而已。所谓见者，非谓其见彼也，自见而已"云云。按庄云自明自见，确与佛氏内证、亲知之境不无相似。内证与亲知二词，可作复词看。庄子主张返己，其自明自见之境，是乃与佛氏有相似之一点。若论庄佛两家思想，则彼此各有出发点不同，且各成体系，不可相混。庄子文学天才，古今无匹。其哲学思想，甚杂而极劣，不可为彼所惑。彼字指庄子，下同。彼于一方，忿恨统治者自矜圣旨，以百姓为刍狗。曰："圣人不死，大盗不止。"伊尹、周公皆以先觉自居，助成汤武帝王之业。曰："王侯之门，仁义存。"王侯以天下庶民为刍狗，而乃盗仁义之名，以济其恶。其论群变，每有恨于枭桀之徒，伺机而起，挟欺骗与操纵群众之种种术，以逞其私图，使群情迷乱，莫能遵循宇宙大变之轨范，以创造新局。此祸患所由蔓延也。庄子深于察变，独惜其于庶民少恻怛之情，乃祖老氏自私自利之谋，不肯导群众以革命。未足为圣人之徒也。圣人指孔子。庄子又于一方，指庄子之宇宙论。崇信有外界唯一之大力，独司造化之机。力之发动，即名为机。其说曰："万物皆出于机，皆入于机。"又曰"种有几"云云。按种者，物种。几，本机字。其缺木旁，乃传写误耳。种有机者，盖谓物种所以能随环境变化者，实由有外在之大力潜运于万物中，使之随境变化耳。《庄子·至乐篇》可考。如庄子之说，则万物自身无有一毫自创、自作之力，无有一毫自由、自主之分，分，读本分之分，非分析之分。直任化机玩弄而已。任者，依他而莫由自主之谓。造化之机，简称化机。《庄子·大宗师篇》曰："伟哉造物！又将奚以汝为，将奚以汝适？以汝为鼠肝乎？以汝为虫臂乎？"又曰"浸假而化予之左臂以为鸡，予，犹余也。下同。予因以求司夜"云云。鸡之司夜，待晨而先鸣也。造化之机，若化我之左臂为鸡，我则因而司夜。此言吾人只有被动已耳。下文亦此意，今不具引。又曰"以生为附赘悬疣，赘疣者，头面皮肤上赘生之结肉，状隆凸，俗名斑点者即此类。乃不应有而有者。以死为决疣溃痈"云云。人死如疣之决毁，如痈毒之溃决，不足惜也。详庄子之旨，盖以万物与人皆出于机，人和万物之生，皆化机之所为。又皆返入于机。人和万物之死灭，则精气消散，又缘返入于造化之机。造物者之于人生和万物，生之成之，毁之灭之，皆随其化机之自然耳。人生殆如造物者之玩具，无一毫自主自造力量，无一毫意义，无一毫价值，不亦空洞而可哀哉！庄子之所谓造物者，其指有明威的神而言欤？抑只视为外界独存的力，不必是信之为神欤？古诗称上帝有明威。按，明者，聪明。威者，威权。聪明则尤为神所必备有，否则不足为神。耶教称上帝全知全能，亦与吾古诗明威二义相近。余玩《庄子》全书，是否为无神论者，极难分判。如《齐物篇》云："咸其自己,而怒者其谁耶?"此言万物皆自动耳,岂有使之动者乎? 怒者,谓有使之动者也。怒字极妙。据此,庄子似不主有神。然同篇又曰:"若有真宰,而特不得其朕耳。"余细玩此语,庄子首用若有二字,故作疑词,而其深意却不是无神。要之,《庄子》全书,有神论之意义较重。庄子才高,而学术驳杂。读其书者,取其长,宜辨其短。若乃佛家出世法,其与庄子隔离太远。九天九地之相距,犹不足为譬。佛家分派甚多,其论议极广博。但扼要而谈,则各派之出发点,同以神我长劫轮转于生死海故,而求拔苦得乐。又皆以反人生,舍世间,抗造化为务。舍者,舍弃。总之,众生断三有爱,即宇宙万有毁灭殆尽。断,读若旦,灭尽之谓。三有,谓众生界及无量物质世界。旧说杂神话者可去。佛书中有时以众生及一切物质世界,总称曰有。其称之为有者,非许其实有也,盖随顺众生迷执之情,而给以有之称耳。爱犹贪也。佛书中爱字,每为贪字之别名,不可作仁爱解。贪字与欲字合用亦可,但有时宜分。佛法主唯心,其持论,则以宇宙万有皆从贪欲而生。众生如能断灭贪欲,万有亦俱灭。经云"心生,种种法生,心灭,种种法灭"是也。众生既灭除染性之神我与诸世界,而有净性之我,共趣入于不生不灭之法界,即此法界是众生共有之大我。《庄严》《涅槃》《华严》诸经皆主有大我,可证。此皆大乘有宗所宗主之重要经典。大空大乘空宗之简称。虽未提出法界大我之名,而其继承释迦倡说之不生不灭法,为众生之所同归,则大我之义固已在其中矣。大有,为不生不灭法特立甚多别名,每一个别名皆有特殊之义。盖悯大空后学沉溺于空无,往往矫正其弊。大有者,大乘有宗之简称。为读若卫。然真如、涅槃、法界、法性、无为等名称,名称作复词,称犹名也。大空已倡说

87

于前,大有承用之,稍变其义耳。两大同祖释迦,大乘分空有二宗,
称为两大。析义虽有小异,主旨不背其宗。学者观其会通可也。

　　佛氏大别一切世界为两方面:一、众生界;佛氏以低等动物至
于人,号为众生,而不承认植物有生命和情识。外道多反对之。余谓外道之说
为是。二、器界。谓太空无量诸天体,或声光等等现象,今称物质世界。两
界不是各各孤立,而是互相联系为一。惟众生有识故,能明理、
辨物,遂得发扬其本有的识,以统治器界。佛氏所以坚持万法唯
识之论也。万法,犹云万物。
　　自释迦首倡出世法,化导众生,修习梵行。梵行,谓清净善行。
行者,行动或作为,约分三种:一曰意行。念虑乍动,或善或恶,势不容已,是谓
意行。二曰语行。意动渐盛,发之于口,是谓语行。语足达意,虑精志猛,形诸
身体动作,甚至发为大善或巨恶之业,(业者,造作之谓。)是谓身行。此就世间
德人或凶人之行而言耳。(行善曰德人,行恶曰凶人。)佛氏修清净善行,前
云梵行,用《阿含经》语也。是乃灭尽世间凶人之一切恶行,更超越世
间德人之一切善行,而为趣入不生不灭法界之无漏善行,无漏,曾
见前。无漏善,即纯净粹美的善。是谓出世善行。余惟佛教,自释迦
至小乘、大乘诸宗派,其言修行也,万行求备,择善不拘于一途。
窃怪净土专尚念佛法门,禅宗不立语言文字,其途皆过狭,明明
与释迦所传授于小乘诸部之教旨不同。大乘出现颇晚,其教理
颇有变于释迦。小乘不承认大乘是佛说,而大乘揭三法印以折
之,小乘莫能难也。余谓佛家谈行,宜以大小乘教典为据。禅净
两家,一主返己,己谓本心。禅宗以本心为自己,故其自修必返而求诸内,
以认识本心为要,所谓单刀直入是也。一重依他。依者,依靠。他谓诸佛。

佛非一故，曰诸。如释迦、文殊、毗卢等等，皆佛也。念者，意中默念佛号，如佛常监临我，惟诚心依靠之，始终不容杂念来扰。久之，心地澄明，豁然开悟。此净土宗之教旨也。二宗之兴，盖在大小乘盛行以后，乃起而假托为释迦之传授，其实非佛法也。禅宗虽始于达磨西来，而中华学者自创自得者为多，亦怪事也。有问：佛教备修万行，岂不太泛？答曰：不然。万行虽繁，约之以戒、定、慧三学，又约之以悲、智双修。万行皆有本也，何泛之有？惟有不可不辨者，出世法所修之一切行，毕竟归于消灭人生与出离生死海，生死海即世间之别称，说见前。而趣入于别一世间，所谓不生不灭法，清净如、涅槃寂灭。清净如，乃不生不灭法之别名。如者，不变之谓。清净者，谓不生不灭法之德性本来清净，恒不变易，所以称之为如也。古译只一如字，唐贤译称真如，即加一真字。涅槃，亦是不生不灭法之别名。寂灭，盖就其德性而立名。寂者，寂静。《大般若经》言无为、无造、无生，恒大定故，说为静也。灭者，无明等惑已灭尽故，杂染之物不复生。《大般若》所以说无生也。中华人谈实体者，只举真如。实则大乘之真如义，本根据教祖释迦氏之不生不灭法而推演益广耳。窥基《成论述记》卷五十一有云："由此真如，一者体遍，无处无故；此言真如的自体是普遍充满于一切处，无有一处而无真如者。二者体常，非生灭故。"此言真如的自体，是不生不灭的，不同于心物诸现象，既有生故，即莫不归于灭。（不同于三字，一气贯下为句。）真如非是生灭无常的物事，故说其体是常。据《述记》疏释《成论》之文，真如有体遍、体常二义。以上体字，皆指真如的自体而言。足证大乘宏阐真如，确是根据释迦氏倡说之不生不灭法，而加以扩充、推广。由枝追根，即流溯源，其来历分明，不可掩也。释迦氏本建立两种世界。一种是生灭、无常、迷乱与苦恼集聚的世界。

附注一：万物皆有生故，即皆有灭，故将万物叫作生灭法。

附注二：常者，永恒存在，无生、无为、不变、不动、不坏、不灭，是为常。无常者，谓万物皆无有常也。万物是生灭法，乃与常极相反。常即不生，不生即无灭。不生不灭，故是常。一切生灭法，定无有常。故说万物是无常。

附注三：迷乱者，迷谓迷阇，乱谓扰乱。自释迦氏以十二支中首三支，无明、妄作、染识三者，说明万物与人所由生起。此中万物，包括众生界与器界。人则从万物中特别提出来说，以其发展至最高级故。无明即迷阇的势力。妄作谓行。行者，诸论释为造作的势力。而称之曰妄者，以其与无明相依故。识是虚妄分别的势力。（见大乘《瑜伽论》及《辨中边论》等。谓之虚妄，盖根据释迦十二支之义。）大乘复说识是染污性，盖以其与无明相俱故。十二支，无明居识之首而导引识，故说识与无明相俱。（相俱，犹云同行。）众生皆具有迷妄等恶根，（迷谓无明。妄谓行。等字，指染识。此三种恶势力，互相为缘，浑若一体。而众生禀受之以有生，故说众生从受生之初已具有恶根。）伏于中，（中谓内心。）形于外，（谓发为行动与事为。）鲜不狂昏颠倒，故云扰乱。

附注四：苦恼集聚，本于十二缘生之说。自小乘至大乘，略析为生老病死四大苦。生即是苦，曰生苦。老病死三苦，皆于生苦中提出别说。其实三苦皆与生俱有，有生即有老、病、死故。有难：生苦之论，理不容成。人生岂绝无乐事乎？答曰：贪饮食，耽欲事，（谓男女欲。）乐者其暂，害胃伤命。乐未竟，而悲惨早伏。名利、权力，忍垢求之，既得患失，而终招大祸者，不可胜数也。详辩见经论，此不及述。广说则四万八千烦恼。大乘高文典册，描写人生广矣、备矣、深矣、细矣。虽未免有过偏而失正,要其反躬、烛迷、察惑,穷尽隐微。诸有慧根者,何忍缠结俗染,剥丧自性炤明之德用。佛氏偏至之论,偏到极处,曰偏至。犹应研寻。人生大道,归本圣学,圣学指孔子之学。取鉴旁蹊,弥彰正轨。又有言者,佛书中烦恼一词,即惑之别名,其意义深广。世俗每以外缘不顺或环境不良,有足以扰其心者,则说为烦恼。此则以为烦恼纯是外物牵扰所致,非是内识本有垢污性也。内识者,识是内在的,故对外境而称内识。见大乘《成唯识论》等。世俗之见,与佛氏所说烦恼,确无一毫相似处。须知,佛氏元以众生初受生时,本来具有虚妄分别的垢污性,亦称染污性。是谓染识。染识无有自明自主之胜用,作用最胜,曰胜用。柔闇、无刚曰柔。无正知曰闇。狂昏,盲动曰狂。小慧曰昏。追求外物,贪欲横流,自扰自乱,恒殉殁于物欲,见物为可欲,曰物欲。乃受困于环境,而无从解脱。此染识所以得烦恼之名也。染识本是垢污性,恒自扰自乱,咎不在外物也。窥基《成论述记》释烦恼曰,"烦是扰义,恼是乱义"云云。按扰乱二字之意义甚深,学者非反省工夫深密,即无由发见自家内部生活浑是扰乱一团。(学者二字,一气贯下为句。)孔子曰:"君子坦荡荡,小人长戚戚。"(见《论语》。坦者,广大也,宽平也。荡荡者,《诗》云"鸢飞戾天,鱼跃于渊"。二语引《诗经》。)此乃形容君子之生活源泉,深远、拓大、活活跃跃,无匮竭,无滞碍。源泉者,有源之水,以譬生命力之无尽也。小人剥丧其固有之刚健、纯善的生命,(如何而剥丧,此不及谈。固有者,言生初本有之也。)而唯以垢污性的染识当作生命,常自扰乱而无自主力,遂莫有节制物欲与变易环境之自由。小人长戚戚,正是染识之自作烦恼。易言之,自为扰乱。故曰,咎不在外物也。然人生何由而有染识,不独释迦未深谈,大乘亦乏正确之论。余欲别为一文详之。

佛氏以众生界为罪恶丛林，悲众生长溺苦海，故导化众生灭除根本识。根本识者，乃眼耳鼻舌身意诸染识之主体，后来大乘说为根本识。释迦所授于上座之细心，大乘称为赖耶识者是也。余按佛氏之根本识，乃依据诸外道之神我说而建立。佛氏名破外道，实承其教旨，余故断定佛氏仍是神我论，说在前文。将令众生不受后有。后有者，众生各有一根本识，即神我是也。众生之形骸必灭，而其神我决不随形骸同灭。如人之临命终时，其神我即复受人身或他类众生身，出生于世间。前身虽灭，后复受身，是为受后有。又复应知，佛书中亦以器世间名之为有。器世间，是器界之别名。如吾人生长与依托之地球，以及无量诸天体，通称为器界或器世间。佛书中所说欲有，即指此器世间名之曰有。欲者，谓生于此器世间之众生或人，皆有饮食、男女等欲故。禽虫吃水草等，犹人之有饮食欲也。有牝牡之合，犹人之有男女欲也。故众生最低下者亦有欲。植物吸收水土、阳光等，花蕊有雌雄，莫不有欲也。凡物有生成，即皆有欲。人最灵，欲亦最大。惟欲其所可欲，而无昏狂以逞，即欲皆理也。孟子云"可欲之谓善"是也。道家去欲，佛氏断欲，断者，断灭。是绝众生、毁器世间，以非道为道也。孔子《大学》之教曰"古之欲明明德于天下者"云云，是乃至大之善欲。孟子善欲之说本于此。善欲愈大者，将改造万物与器世间，日进于善美。孔子言平天下，使天下之人人共同生活，一切互相协助，而复各得自生。故一切皆得其平均，无有一处或一事不平均者，是谓平天下。而以"明明德于天下"为其欲之所在。可见导引人类进于天下为公、天下一家、群龙无首,以至天地位、万物育、保合太和之休盛。天下为公与一家,皆《礼运》经之遗文。天下一家者,谓建立全世界人类共同生活制度。譬如夫妇、父子亲爱合作,无彼此之分,以成优美之家庭生活。孔子欲天下之人人,互相亲如父子之一体,(举父子,即兄弟可类推。)互相爱如夫妇之合德。故一家之言,明示人类共同生活制度,必以互相亲爱为本,以道德固其基。"群龙无首",见《易经·乾卦》。古代以龙有健德,能潜、能飞,故称之为灵物。天下之人人都能强于进德修业,无有一个弱者,故取譬于群龙。(群者,多数个体合为全体之称。)谓全人类中无有一人不崇其德,不精其业者,故称群龙。(言德则兼智慧。智慧与道德合一而不可分离。不智,未能崇德也。业者,包括才能、技术及任事勇悍诸功用而言。)无首者,群龙同德,通力合作。天下不容有首长,故云无首。(无,犹勿也。)过去万国林立之乱制,已尽废除,全世界分为无数文化团体,其区域宜小。余当别论。"天地位"云云,见《中庸》。《中庸》原本是孔门大道学派据《易》《春秋》两经而作。汉人传至今世之《中庸》,则小儒所改造,非原本也。然其中偶存圣言,宜择取。古书天地一词,乃大自然之总称。位者,制驭与裁成自然界之变化,使其对于生机体之发育,有补益而不相害。《易大传》云"范围天地之化而不过"是也。自然界万象,皆有轨范而不可乱,故说为位。万物育者,万物以互相比助而得发育。(义在《易经·比卦》。比犹辅也。)"保合太和",见《易经·乾卦》。乾称大生,为阳性;坤称太素,为阴性。(素谓有实质,详在《乾坤衍》。)两性相反,交相推动,终归于和,而万物始生。和者,万物之所由生成也。(生者,生育。成者,发展。如人之智慧、道德、知识、技能,发展至最高级,是谓之成。人之所以得有成者,以人类皆知互相协和、互相扶勉,而能群故也。)人类不幸而自相残害、吞噬,以丧其和,则人道熄,人之类将绝矣。孔子倡明平天下之道,首以"明明德于天下"导人类以正向,此万世不可易之道也。云何为正?(设问也,下答。)体生生之实理,敦仁、发智,决不至于妄猜宇宙人生由迷闇势力发生也。妄见既熄,人道顺贞性以发展。(贞,犹正也。)天地从人力之裁成,(古籍称天地,指物质宇宙。裁成,犹云改

93

造。)是为正向。《易大传》载孔子之言,称乾曰"大生",又曰"生生",此乃真实之理,不亲体之,终莫悟耳。此处体字有二义:一、体悟义。谓彻悟乾道生生之理也。二、体现义。谓彻悟不是一个空洞的见解,须于自家生活中实现此理,是为体现。敦仁、发智者,《易》称乾曰大生,是乾藏仁德也;又称乾曰大明,是乾藏智德也。人能敦笃其仁,发扬其智,实践乾道,故无妄猜。问:先生说乾之大生是仁德,《易》未有此明文。答:《易》之为书,妙在假象以显示众义,而不径直铺陈理论。(假者,假借。象,犹譬喻也。)故研《易经》者,不可不究古象。后汉虞氏《易》存古象,有曰"乾为仁",此非明文乎?盖以乾有大生之德,即是仁德。汝莫能悟此义耳。

佛教自释迦氏倡言有二种法,一者生灭法,此法字指宇宙,所谓心和物诸现象是也。二者不生不灭法。此法字指宇宙的实体,所谓真如是也。生灭法亦名缘生法。已释在前文,兹不赘。不生不灭法,后来大空、大有诸师承之,而别为之立名曰真如等。等者,真如一名以外,更有别名甚多。佛家之生灭法,属于法相之范围。其真如即不生不灭法。是乃超脱于法相而独在的神物。

佛教之不生不灭法,所谓真如,虽释迦及后来诸大师皆自以为不同于大自在天,然佛家重要的典籍,如大乘《庄严经论》卷三说,"依清净如,建立第一我,是名法界大我"云云。如者,真如之简称。玄奘以前之译本,其译真如,或用一如字,无真字。又有译为真实二字,而无如字。至玄奘始译为真如二字。真者,真实。如者,恒如其清净之性,无改变故。《庄严论》由天竺法师明友译,仍从旧译曰如。其于如字上冠以"清净"二字者,清净是如之本性,故称清净如。第一我者,一般人皆以肉体为自我,又或执有神我主乎肉体。此二我者皆非实有，乃妄情所执之我耳。惟清净如是为真我，故称第一我。法界者，法谓万物。玄奘以前之译本，多有用物字以代法字者。唐译佛书，界字有多义，而一释为体。此处界字，当作体字。法界者，佛氏以真如为万物之实体故，此法界一名之所由立。余按此论，此论指《庄严论》。说大乘依清净如建立第一我。易言之，即是以真如为第一我。又云"是名法界大我"者，大乘本说真如是万物的实体。今既认定此实体即是大我，故应正名曰法界大我。大乘群经众论一致称真如是不生不灭法。据此，则大我即是大神，与大自在天何异乎？

佛家之宇宙论，始终分别法相与法性。法相即心和物诸行，是为生灭法。法性，即法相之实体，是乃不生不灭法。屡说在前。余初治佛学时，即甚骇怪不生不灭法与生灭法，明明是不可交通的两个世界，如何可说不生不灭法是生灭法的实体？此不谓之空想或幻想，将何以成立其说乎？佛氏之法界大我，超脱乎生灭灭生的宇宙万有而独存。此处言宇宙万有，即摄人在内。此与一般宗教信有大神独立于万物之上者，同是逞迷情而作此幻想。佛氏斥责外道，谓其主张不平等因。不平等因者，如婆罗门之徒，信有主宰一切之大梵天有变化力故，是为心和物诸现象所从之以生起。据此说，则大梵天是宇宙万有之第一因。而梵天崇高至极，脱然独立于万物之上，主宰一切。脱然，见前注。万物无有自主、自造之力，一切听命于天而已。是则婆罗门建立梵天为万有之第一因，乃最不平等之因也。是则二字，至此为句。佛氏破斥天神为不平等因，其识甚卓，其论甚正。然而佛氏只知破大自在天，而不返己自问其所建立之法界大我，何尝不与大梵天同为大神哉？佛家持说，工于破他，悍然独断，扫荡一切，而以"天下地上，唯我独尊"自信。以与圣人"三人行，必有我师焉"之态度相对照，一则虚己以与万物同体，一则尊己而卑万物。圣学与宗教隔离太远，岂浅识者能辨其得失哉？圣人指孔子。"三人行，必有我师"，乃《论语》所载孔子之自述也。佛典中有一小经，记载释迦出母腹时，即开口曰"天下地上，唯我独尊"。余按，此事或是释迦自居神圣，以便号召大众，宣扬其教，或是其弟子伪造，以神其师。然师如不以神自居，弟子不肖者造伪说，亦必有辨正之者，而不闻佛徒有异议。中国僧徒、居士，从来尊信此故事。

佛家谈法性，只是凭他的空想或幻想，造出不生不灭的法界大我来。而此大我，应正其名曰大神我。婆罗门建立梵天，说为有变化的作用。佛氏建立大神我，便说成僵固的死物。法界大我是不生不灭法，当然是死物。佛氏何故必欲推倒梵天而以死物代之乎？此其故不难知也。释迦氏本厌离世间，世间，详在前文。故于有情世间及器世间，一切说为空，一切说为幻。

世人执自我为实有，而起种种爱护之私。万恶从自私而起，积恶无已。世人执宇宙万物为实有，而起种种贪欲、种种追求、种种系恋。人生殉没于物欲之中，物欲者，见一切物皆为可欲可爱之物。故云物欲。梦梦而生，梦梦而死。如蚕作茧而死于茧中，如蛛造网而死于网中。人生死于物欲，犹蚕与蛛耳。有问：物欲何可绝乎？答：物无垢也，且无知也，何尝引人之欲？众生于物见为可欲可爱之物，是乃如蛛造网，如蚕作茧耳。物之本相，（相者，相状。）无有所谓可欲可爱。如西子之美，人皆见为可欲可爱，而思接近。然使西子临池，则鱼见之而深入；使西子入林，则鸟见之而高飞。鱼鸟与人所见之西子本一也，而见时之感乃绝不同，何耶？鱼鸟见西子时，只见其本相而不生欲，故不见西子有可欲可爱之相。人乃恰与鱼鸟相反者，则以人有欲故。其见西子时，乃由妄见变现一可欲可爱之相，以加于西子，而非西子之本相也。举此一例，可知人生未能克治妄见。则于一切物，鲜不以妄见变现之虚伪相加于物。既失物之真，又以种种虚伪相而自缚，不亦犹如蚕之茧、蛛之网乎？若不起妄见，日用饮食等等悉取诸物，适可而止，更无所私。如是，则仰观而见天之高明，俯视而见地之博厚，乃至于一切物，莫非明智之所了解，莫非美感之所契合。小己与天地万物本来一体，何至有妄见与私欲私爱种种缠缚，成为与生俱有之大患乎？是道也，余学《易》而有深悟。《易》谓孔子之《易》。惜乎佛氏出世法，欲毁万物，违大正之道。但其呵斥众生妄见，未可忽而不究。

世人执自我为实有，不得不有爱护自我之私欲，而万恶之根即在此。执宇宙万物为实有，宇宙万物四字，作复词。宇宙者，乃万物之别一称耳。而人生有实际生活，汲汲于物质的享受，即有无餍的贪欲，无餍者，贪欲杂多，又无应止之限度，不可满足也。无限的追求，限者，限制。追求亦杂多，无止境，即无有限制。不可解脱的系恋。尤以系恋至为宽广。一切贪欲，皆有系恋与之俱。俱者，犹俗云同在一起也。一切追求，皆有系恋与之俱。苦哉，人也。随时随处，总是同于蛛之造网，自锢而死，同于蚕之作茧，自缚而亡。《论语》载孔子之言曰"君子坦荡荡，小人长戚戚"云云。余按坦者，广大宽平、胸无拘碍之貌。拘者，窄狭而不能包通万有。坦则无拘。碍者障碍。如上所说贪欲、追求、系恋等等，皆障碍也。小人自造障碍，所以长戚戚也。戚戚者，忧愁苦恼郁积于中也。荡荡则胸无一切障碍。大生无穷尽，大生者，积健以体现仁道，浑然与万物同体，裁成天地，辅相万物，是生生之盛也。大明无亏蔽，障碍灭而智慧生，譬如太阳之光明，无亏损，无障蔽。《易》云"知周乎万物，而道济天下"，大明之胜用也。充实不可以已，活泼泼地，是谓坦荡荡。人皆可为君子，皆可涵养与扩充其坦荡荡之内部生活。独惜人之为小人者，陷于长戚戚而终不悟。圣人以君子之道扶勉人群。佛氏见不及此，乃于世间起厌离想，佛氏分世间为二：曰有情世间，谓众生与人；曰器世间，谓物质宇宙。实则世间不可分割，而一切有情乃主乎器世间者也。但在名言上，不妨分别而谈。悍然反人生、抗造化、消灭宇宙万有，而求归于不生不灭之乡，乡者，俗称家乡。人离其乡，必思归也。此以乡为法界大我之譬喻。遂盛倡出世法。自其法东来，中国僧徒、居士迷信太甚，不曾明辨其思想。人生无自强之正向，反人生、毁万物之教，明明不是正向。一切陷于下坠，余深痛之。佛氏毁坏宇宙人生之理论，其主旨不外于摧破一般人共认定太虚之内有许多完整而独立的实物。无量诸天体，都是完整而独立的实物。地球上之无机、有机诸物，虽最小者如微虫或气粒子之类，亦莫非完整而独立的实物。一般人共持有种种实物之见，是从无始有世间以来迷谬相承，牢不可破。迷、谬是二义。迷者，迷惑，不能入正理故。谬者，错误。人之不慧者，易受古今人欺骗而宗其教，承其不正之见。以上，余皆推原佛氏之意而叙述之。释迦氏悲悯众生常处长夜，漂流苦海，于是倡出世法，特从众生共同认定有完整而独立的实物处着眼，处者，处所。众生认定有完整而独立的实物，这个处所，正是释迦着眼的地方。而专力攻破此处。首以解剖术造《五蕴论》，直将宇宙人生破作五蕴，而宇宙失其完整独立。欲不谓之空与幻，不可能也。人生亦失其完整独立，不知向何处寻求自我。欲不谓之空与幻，更不可能也。

《五蕴论》只是将色和心两方面的现象析为五聚。(中译佛书译物质为色,曾注在前。)世人所谓宇宙,不外于心物两方,而所谓人生,亦不外于心物两方。人之肉体,是与无量物质宇宙通为一体。人之心灵,是与天地万物或一切众生,亦都相流通为一体,无闭阂也。譬如芭蕉,人皆见为是一完整独立的物体。忽然有人将他破作一片一片的若干叶子,他字,指芭蕉。始知芭蕉无自体,本来空,无所有。由此譬喻,可悟《五蕴论》之本旨。龙树为大空开山之祖。《中观论》为各宗派所尊崇。而详究其精髓,可蔽以一言曰:发明诸法,都无自体耳。

《五蕴论》是用解剖术,将宇宙人生剖割到光光净净无所有。余在前文提及缘生论,而谓其本于集聚之术,乃从其主要之处而立言耳,实则还有解剖术之妙用。集聚术,古代劳动之民盖早已发见。农人种植,习见稻麦等物之产生与发展,始终必待有种子、水土、日光、肥料、人工、岁时等等因缘一齐集聚,而后遂其生成。此乃自然界化育之妙,而农民于此固已体会日深。未几,有聪明者崛起,遂悟得集聚之术,乃观察万物互相凭依而有。凭者,凭借。依者,俗云依靠。如甲对于乙,而为乙之所凭借、依靠;乙亦是甲之所凭借、依靠也。又复当知,乙亦对于丙,而为其所凭借、依靠,(其字,指丙。)丙亦是乙之所凭借、依靠也。自丙以往,可类推。故曰万物互相凭依而有。由此始倡缘生论。缘者何? 即上所说凭依之义。缘生者何? 每一物之生,莫不待众多之缘而始生也。既说缘生,便须统筹而撮其大要。要者,主要之谓。分立几种缘,以说明万物之所从生者只此诸缘。自释迦说十二缘,亦名十二支。释在前文。小乘二十部谈因缘,复有多种,部犹派也。后来发展颇盛,当不止二十部。而皆不能如十二支之包通万有，亦不敢背十二支。大有之《杂集论》犹存六因，六因者，因分六种故。实采小乘义也。因缘二名本互通。因亦可称缘，缘亦可称因故。大概因有旁正之分，正因亦因亦缘，旁因或只称缘，而不必称因。大有传至中国，玄奘、窥基依据世亲及其后学十师之说，揉译《成论》，始定为四种缘。然四缘不始于奘、基。《中观论简称《中论》·观因缘品》偈曰，"因缘、次第缘、缘缘、增上缘。以上四缘，兹不及释。余旧有《佛家名相通释》一书，据《成论》以释四缘，甚详。四缘生诸法，更无第五缘"云云。青目释曰，"一切所有缘，皆摄在四缘。以是四缘，万物得生"云云。据此，则大空之祖指龙树。首定四种缘，而将小乘以来所建立之一切缘，皆摄入于四缘之内。化繁杂而归简要，可谓美矣。然诸小乘是否一致遵用龙树之四缘说，今无从考。奘、基师弟揉译《成论》，仍从龙树之四缘。至是而大空大有两宗，关于四缘之义，一致决定。此其变迁之大概也。然《中观》谈四缘，不许执为实有。四缘不妨假设，若执为实有，便成大过。《成论》谈四缘，则其义旨甚不同于大空之教。余在本篇不及论也。四缘之建立，已经大乘两宗同决。两宗者，空与有也。而其间有最重要者，厥惟集聚义。集聚者，如一物之生，必待四缘一齐会合，物乃得生。句首云一物者，就一个物举例也。缘若缺一，即不得生物。四缘会合齐备，是名集聚。如麦禾之生，以种子为因缘，水土、日光、空气、人功、作具、肥料等等为增上缘。增上，犹云加上。因缘是正因，亦名主缘。至于一切加上之缘，皆是旁因，亦名助缘。助缘甚多，如只有因缘而助缘未齐集，麦禾不得生也。集聚之义，重要可知。有问：先生曾说佛氏以集聚之术而发明万物缘生之义，又说众缘集聚是自然界化育之妙。后一说甚是。前说以集聚说为佛氏观物之术，恐未必谛欤？持说无妄，曰谛。答：汝误矣。诸缘集聚而物得生，此是自然界化育之妙。佛氏于此有体会，故依据之以为观物之术，即用是术以成立缘生论。何可曰未谛乎？凡物之生，由于众缘集聚。此等事例最显著者莫如植物。古代农人有田间经验，而一时未能发见缘生道理。道理，简称理。及有聪明者崛起，乃顿悟斯理。余所谓聪明者，此处者字，作人字之代词。乃指释迦氏耳。基师在《成论》盛赞缘生论为正理。正者，中正。理本中正，学者诚能见到，自不堕于一偏。余犹未敢苟同。佛氏以众缘聚而万物生解释宇宙，非无是处，此处宇宙，指现象界。而毕竟不了宇宙内蕴。内蕴者，谓万物皆有内在的根源，是为万物之真实自体。譬如众沤，皆有大海水为其内在的根源，是为众沤之真实自体。佛氏不深究此理。终以自囿于浅薄之见，而不惜反人生、毁万物，乃至逞幻想，构成一不生不灭之法界大我。此其大惑不解者乎？

释迦氏之缘生论亦善于运用解剖术，与《五蕴》相通。所以者何？《五蕴论》将宇宙人生剖割为五蕴，使万物皆失其完整与独立，都无自体。宇宙空矣。人生空矣。缘生之论则以万物皆从众缘而生。不言四缘，而曰众缘者，缘有四即是多数，故称众。他处仿此。如其说，即每一物的现象，实是众缘集聚之相。相，读为相状之相。相犹现象也。后同。核实而谈，每一物都无完整与独立的真实自体。其众缘集聚所生起之物相，应该还属于众缘，而彼物相本来空，无所有。龙树《中观》有偈曰，"因缘所生法，我说即是空"云云。此乃根据释迦本义。大有开山之祖，如无着菩萨，犹不敢背《中观》。传至中夏玄奘，张有教以救沦空之敝，说一切法皆有者，曰有教。而犹拼命译《大经》。《大般若经》，古称《大经》，空教之根本巨典也。

空教者,说一切法皆空故。**可见空义是佛教之正传。**空义一词,见罗什译之《中论》。云何空义?佛氏以为,说一切法皆空,必有其可据之义,非妄说故,故云空义。**释迦氏初发厌离之想,**谓厌离世间也。**出家修净行,**净者,清净。**遂于一切法皆作空观。**空观者,观察一切法本来空,不可执为实有也。**一切法者,可依《瑜伽》说为二种世间:一、有情世间,即《五蕴论》所剖拆为五蕴者是此世间。二、器世间,即于五蕴中提出色蕴而别说之,是称器世间。释迦氏起厌离想故,欲毁坏此二种世间,遂作空观。**坏犹灭也。**观空之术,**观一切法皆本来空,曰观空。于一切法而起意观测他,都无独立的自体,都是空空的,是谓作空观。此中他字,指一切法。空空者,空而又空也。术,犹俗云方法。**释迦氏每用解剖术,直将心和物诸现象积聚而成之完整体解散之、剖割之,俾其各别成聚。计其数有五,是谓五蕴。**所谓完整体,说为有情世间与器世间可也。而世俗通行之宇宙人生等词,亦指此完整体而言之耳。**五蕴既分,有情世间、器世间,皆失其完整性与独立性。易言之,宇宙人生皆是空。此解剖术之利于观空也。释迦氏又以集聚之术,成立众缘聚而万物生之妙论。**已说在前。**则万物不需要有变化之大自在天,而天神不攻自破矣。又复当知,释迦氏既于世间起厌离想。**世间说为二种,已见上,须记。**古今非无厌世之论,但厌而不求离,如老聃是也。老之言曰:"吾所大患,为吾有身"云云。**是厌有情世间也。**患犹厌也。有情,乃一切众生之通称。众生迷惑,各各爱护自身,而一切罪恶从此起。老氏独以有身为大患,此其聪明超过于众人也。然细玩老氏之论,其人盖工于以机远害者。(远犹离也,能以机智察世网之害而离之也。世网者,猎人设网罗与陷阱以捕鸟兽。老氏当昏世,猎人多矣,网与阱密矣。老氏有戒心焉。盖犹爱其身,非真能以有身为大患也。)**又曰:"天地

不仁,以万物为刍狗"云云。《序卦传》曰,"有天地,然后万物生
焉"云云。此处万物,指生物而言也。万物因有天地而始生。既
生,则自然界之一切灾害与动物间之互相吞噬等等惨毒,乃至人
生号为从万物进化至最高级。若从其坏的方面观察,是乃阴毒
多方,多方者,谓其阴毒发现于多方面也。后言多方者,皆仿此。凶恶多
方,卑鄙多方,秽丑多方,猜忌多方,贱劣多方,残忍多方,狂狡多
方,骗诈多方,险谲多方,狭小至极。蔽以一言,乃佛氏所谓惑而
已矣。惑之变态无穷。佛说,众生皆有四万八千惑。余恐佛说
之数,不足以符其实也。即增益之为十万九千惑,亦难信为核实
之谈。庄生曰:"人之生也,固若是芒乎! 芒,犹惑也。其我独芒,
而人亦有不芒者乎"云云。余由庄生之辞以推其意,而感庄生怀
无量之悲也。孟子生当战国之世,悲且忿夫当时之枭雄,乘权处
势而有图天下之狂惑,假利人之名,造食人之祸。《七篇》之中处
处见真怀。老庄之徒盖闻孟子之风,而不无感于中也欤! 中,谓
内心。老聃见万物为刍狗。刍者,狗所食也。而狗又为人所食。
人与人亦复互相食。可见万物依托于天地而生,天地只予万物
以惨酷耳。老聃故有不仁之叹。夫天地者,佛氏所谓器世间也。
玩老聃之言,盖亦甚厌器世间。然厌之矣,而乃隐居修道以自
利,岂非细人之行乎? 修道而自利,则其道是以非道为道也。夫人道之
于器世间也,余平居深念,唯孔子内圣外王一贯之学,应当取法。
余于此处不及谈。

世间本不必分为二种,而佛氏分之为二。见前文。在言说上
作此区别,亦复无妨,而事实上无可破作二界。一切有情的生

命,不是可脱离器世间而独存。云何提出有情别为一世间乎? 有情者,众生与人之别名。有情的肉体即是物质,此与太空无量诸天体乃至一切物质现象,都是互相联系为大完整体。佛氏所谓器世间者,即此大完整体耳。岂能划出众生之肉体不属于器世间乎? 佛家惯用解剖术,将有情与器世间解散之、剖割之,便见得有情不是独立与固定的东西。空而已矣。幻而已矣。器世间亦复如是。佛氏之说缘生,其主旨在说明万物是从众缘集聚而生,即万物都无有独立与固定的实自体,所以说万物皆本来空。龙树《中论》以缘生义与空义结合在一起。所以者何? 设问也,下答。众生于一切物皆执为实有,佛书中执字最严重。此不及详说。执与系和缚等字,皆须一面返求诸己,一面观察众生之迷。如细人爱金钱,名士爱虚名,野心家爱权力,都是把权力或虚名、金钱,坚固执持之以为己有,决不放手。执金钱者念念不舍此物,其一生种种思虑、种种作为,无非以金钱为其根本的企图。虽形骸幸存,而其精神、志气一切消磨于此。总之,此等人丧亡了生命而不自觉。执虚名或权力者,亦皆如是。忽闻佛氏说空,便起恐怖而不愿闻。佛氏本欲众生对于万物或世间起厌离想,然后好诱之以归于不生不灭之乡,所谓法界大我。乡字,释在前。众生所执为实有的宇宙人生,自佛氏观之,皆由众生迷阇、惑乱而起此等妄执,以虚幻为实,以本无为有而已。众生所执四字,至此为长句。佛氏倡出离世间之法,当然要反人生,要毁宇宙。若器世间是实有,即宇宙无可毁坏。坏,犹灭也。若有情世间是实有,即人生无可断绝。断读若旦。果如此,佛氏当然不能成立出世法。释迦氏固已了知众生不无斯疑,故导引众生勤求解决万物是如何生起之根本问题,而不得不首先破除大自在天能变化故,造起万物之说。而不二字，至此为句。因此，创发缘生之论，阐明万物皆由众缘集聚故生。其论持之有故，言之成理。人之稍有慧者，皆莫得而难也。大自在天变化之迷信，不攻自破。缘生义既成，则万物都无实自体。凡物皆是从众缘集聚而生起故，即任何物皆不可谓其有独立与固定的实自体。无实自体故，即是空。由斯义故，空义与缘生义结合在一起。人之稍有慧者，不能反对缘生义，即不能反对空义。龙树于是乃发其由空成有之妙趣。趣者，理趣。谈理不滞于一端，活泼泼地，曰理趣。此处如欲说明，便非简单的文字可了结。至少当别为专篇，今不堪劳。无着之《大论》《瑜伽师地》。弘扬大有之教，其源出于龙树。通观佛氏出世法，自释迦、小乘以至两大，两大者，大乘分空有两宗也。述作颇宏富，未免繁芜之弊，持义有同异，足见枝流之盛。佛没后，宗派遂多，如木分枝，如水分流。释迦没后四百年，小乘始分二十派。其后，龙树菩萨崛兴，大乘空宗始张其帜，约当佛没后六百年。后来无着菩萨出世，又启大乘有宗之绪，约当佛没后九百年。小乘之内部，早有异同。小大相持，斗争甚烈。两大之间，譬犹水火，相灭亦相生也。余尝欲考辨释迦没后，出世法演变之大概情形。出世法，犹云出世的学说。佛家经籍中，尝提及小乘与大乘之间，有斗争剧烈之一大公案。小乘力斥大乘经典非佛说。此处言佛，指释迦。下言佛者准知。大乘坚持佛为小乘随机说法，而非了义经。为读若卫。机者，譬如器之将动，必有其机也。（将者，动犹未起也。）大器将动，其机大，受其感者，应之亦大；器小则动之机亦小，受其感者，应之亦小。大乘以为，小乘之徒犹如小器。释迦无可与此辈谈高深的道理，只好随其小机而说耳。故小乘经典所记佛说，皆非释迦之了义也。了义者，义理高深至极。谈到此处，便已揭示万物万理之根源，更无隐含不尽之意，故云了义。大乘盖自谓其所继承之经典，元是释迦在世时为大机而说，当时小器之类，皆不得与闻。（此处与字读预。）故今之小乘不肯承认大乘经是佛说。小大交战，皆势成骑虎，互不相下。余谓大乘经籍不是释迦门下弟子所记录，就其文辞衡之，显然可见。释迦没后，弟子所记录者，当以《阿含经》为最可信。中译佛书甚忠实，不独于法、于义、于解，不失梵文本之真，即文辞亦力追梵文本，务求信与达，并不失其浩博、大雅、雄浑、浊重之气象。浊重与大雅实不相反。非深于文者，难与语此。如李太白诗有云"明月出天山，苍茫云海间，长风几万里，吹度玉门关"云云。若《大般若经》《华严经》《瑜伽师地论》，吾重其文，只好借李公诗句以赞美之耳。《中观论》未译好，青目释亦不足观，是可惜也。小乘斥大乘经非佛说，余以大乘经文与《阿含经》文相对照，颇怪其甚不相似。大空兴于龙树，后于释迦已六百年。大有兴于无着，后于释迦亦千岁矣。九百年则已将满千岁。时代相去已远，文体、文气均不得不异，奚待论乎？小乘不承认大乘经典是佛说，余相当赞成。惟余之意，有不必同于古之小乘师者。大空之龙树，大有之无着，皆自称为佛门之大乘，岂是绝无渊源而假释迦以自重乎？大人者，见道明而任道不能不勇，虽世莫予宗，何须托古？龙树无着诸公，想不至若是巽懦，无独立之气也。余平生独学无师，悟道由己。悟方启，而学未融，未融者，未能融通众家，以至广大也。忽于先圣遗文，有所触会，窃叹吾今日自矜为我心之所自得者，先圣远在古昔，已先得我心之同然。可见理之最普遍者，本不因世异而或变。先圣在昔之心发见此理，不肖今日之心悟得此理，适遥契圣心之所见。余之学，自是归本于《大易》。详在《乾坤衍》等书，兹不赘。《大易》指孔子之

《易》，非汉人所传伪五经中之《易》也。然先圣《周易》原本，汉人已废绝之，而其遗文之偶存于伪经者，唯望有识者能抉择耳。上文凡称圣人，皆称孔子。凡为哲学者，其于理根处虽由自悟，而既悟之后，或发见先哲中有前乎我而早悟斯理于古代者，则不宜掩先哲而自张门户。学在求真，此处不容杂己私。后先同见，益征至理本无妄。圣学湮绝久矣。余虽力薄，犹欲起而振之，孤怀诚不容已也。理根，借用郭象《庄子注》。西蜀女生唐至中曰：理根一词，颇不易解。继郭注而作释者，均于此词不复疏，可奈何？余曰：万变万化，万物万事之源，是为万理之所自出，故曰理根。至中曰：积年滞碍，一旦冰消。宋元休问：先生说，理之最普遍者，不因世异而或变云云。敢问，云何为最普遍之理？余曰：至中间理根，吾已答之矣。最普遍之理，即理根也。此理无对。遍一切时，遍一切处，恒无变易。元休曰：理之散著于万物万事者，是乃相对乎？余曰：然。元休曰：相对之理，时移处易，每随之而改变。如北极圈以内四时皆冰，温带之人，不探险至其处，便不信有此理。物穷则变、变则通之理。近时大多数人笃信此理，时非其旧故也。然则相对与绝对，截然为两种世界乎？截然者，分离、割开，不可融合为一之谓。余曰：否否。无对即涵相对，不可说无对以外，别有独立之相对。相对，即是无对的变动，而成为一一物事故。譬如众沤，即是大海水的腾跃而成为一一沤形。此以大海水比譬无对，以众沤比譬相对。相对与无对，不可剖作两界。犹如众沤与大海水，本非两界。相对即是无对，不可说相对以外，别有独立之无对。无对，即是相对之真实自体故。譬如大海水，元是众沤共有之真实自身。世俗以为个别的波动形，是众沤各各的自身。此乃从表面上作如是观。若核实而谈，惟大海水是众沤共有之真实自身耳。由此譬喻，可悟无对本是相对之实体，不可破作两种世界。余年四十以前，研究佛法，核其关于宇宙论之见解，划分生灭法与不生不灭法，明明逞臆想 空想而无实事实理可依据，是为臆想。建立两种世界。余颇怀疑。惟念后汉以来千数百年间，朝野聪明人尊仰佛法，以为至高无上。无有加乎其上者，曰无上。其名词繁而又繁，互相钩连。持论一往破执，而不悟破即是执。破除执着，曰破执。以否定为善巧，又防人之诘难，而以诡辩之术自护。短慧者，览其书而畏惮，不肯终卷。理学家多如此。浮慧者，习其说易受诱惑，自谓识其妙，而实常在迷雾中。名士好佛者，鲜不如是。人之有慧，而未免于浮浅者，曰浮慧。余潜究佛法之日颇久，先从了解名词入手，而后详其理论，寻底蕴，析条理，综体系，审归宿，乃断定佛氏毕竟以宇宙人生为空幻，必毁坏之，坏，犹灭也。而栖神于不生不灭之乡。乡，释在前。佛教肯定有神我，但神我是无明之性，必修清净行，俾无明离欲而转为明。驯至阇性之神我方灭，即有净性之神我新起。遂由净性之神我，投入法界，与之合为一体，是谓法界大我。（何谓法界，何谓法界大我，均说在前。可覆看。）佛说毕竟是出世的宗教思想。魏晋人以之混合于《老庄》，已是杂乱。宋明人以之混合于儒，更不安。余因谈到理根，而两生有问，吾不得不答。余申明无对与相对，不可分割为两种世界，此是紧要处。余年四十左右，怀疑佛法，当时已有体用不二之意。后来玩《易》，此意决定。余之学，以孔子内圣外王一贯之旨为宗主。孟子云，"乃所愿，则学孔子也"，吾之志亦在此。

龙树首张大乘之帜，悍然贬黜释迦之后学，予以小乘之称，并力诋其所承受之经典是佛当年为小机而说，非了义经。后学者，谓佛在世时，其弟子记录佛说而时习之，且以传授其门人。以后，皆世世相传，蕃衍不绝也。诋其之其字，指释迦后学。为小机之为字，读若卫。其无忌惮至此。龙树仍奉释迦为教祖,惟自称为佛教中之大乘,并以其所宗之经,是佛当年为大机而说,是了义经。为,读若卫。其自负为正传,不待言。《楞伽经》载佛偈有云,我灭之后六百年,有大菩萨曰龙树云云。此偈必是龙树伪造,诡称释迦有此悬记,以明彼当创兴大乘之教,不偶然也。悬记,犹预言也。彼,指龙树。余在前文,曾提及小乘不承认大乘经是佛说,余相当赞成。但龙树之学,是否依据于释迦氏,此乃一大问题,不可不深究。如果龙树的思想并未脱离出世法,则其所特别倡明之菩萨道,只是于佛说有所扩充。佛指释迦,后准知。此乃学术思想界应有之事,万不可疑其私怀立异,而龙树思想之渊源毕竟在释迦所导之法海,而不在其他。释迦之后学,何必相拒太过乎?出世法三字,佛教经典中常见。出者,出离之谓。世者,世间。前文所谓有情世间与器世间是也。此乃从文字上解释耳。若问读佛书的人,云何为出世。是有世间存在,而佛氏求离开此世,别有所往否?世间,简称世。抑只是心于世间,无所系恋,荡然旷观,一切利害、得失、毁誉、荣辱,乃至死生,皆不足以动其心。如此,则身虽在世,而实脱然逍遥于世外,是即出世之谓乎?四十年以前,余曾以此二问请于佛学界之老辈。老人曰,二说都不是。离此世,更有何处可往?第一问,不要问。身在世,心无系,庄子有此达观,究与佛法不相似。第二问,也难答。余曰,《庄子》之《逍遥游》,是其全书开宗明义处。游之义,从来谈《庄》者,罕有实解。吾觉郭注以知与化为一,发明《庄子》深密意趣。郭发其秘,而无多语。后人难会郭意。庄之谈化,有时言气化,内篇多如此。有时言神化。外篇、杂篇,多言神化。郭注确得《庄》旨。余谓,庄言气化,而神化在其中矣,庄言神化,而气化在其中矣。惜郭注未言及此,道家以神与气,说明宇宙人生所由生成。此不可不识也。神与气,不可分之为二。气载神以流行,神运乎气而为其主。神气本非两物,而亦须分辨。虽不妨分,究不是两物。事理如是,非玄谈也。人生体大化而与之为一,当然无有小己之死生可言,更何有人间利害得失等等计较乎?体大化之体字,作动词用。体者,谓与大化冥合也。此中大化,特指气化。以其势用粗大显著故。知字,甚紧要。知者,神之用,主乎气者也。知不与化为一,则人之生命,只是随大化漂流,如轻尘、小草随江水下流耳。余深玩《庄子》之旨,而解释如上。余非赞同老庄之论者,但对于老庄有很多意思,衰年不及写出。陶君尝欲以天游之旨释《庄》。余曰,庄子思想驳杂,又染神道颇深,而其高悟所至,多有妙语。惜乎其未达理根,持论不能一贯也。余此意,当难得相应之人。惜未能写出。庄之自述曰,"六通四辟,小大精粗,其运无乎不在"云云。庄子博学多闻,其文学天才,可谓空前绝后。印度古时大乘菩萨,有庄之浩博。而庄之文纯以神运,则非若辈所可几也。庄子闻见广,而知识多,其文足以畅意。故自信其长,而难自见其短也。庄之乘化逍遥,与佛氏出世法,确无相似处。庄谈气化,自佛氏观之,乃所谓如幻也。余前述之第二问,意中盖指王阳明先生。老人以为,余有取于庄子之达观,实误会也。理学家真能涵养本心,在事物上磨练,运用不违物则,而脱然自在,又无讲学家迂固之习,阳明先生一人而已。然阳明确是儒,不取出世法。老人曰,身在世,心无系,庄子有此达观。余曰,庄求至乎知与化为一,是其心系于化也,是系之最迷、最苦者也。庄子欲上与造物者游,结果还是为造化所玩弄,人能不修,人道不立。《庄子·内篇》有曰，"伟哉造物，将奚以汝为，将奚以汝适，以汝为鼠肝乎，以汝为虫臂乎"云云。又曰，"无可奈何，而安之若命"云云。据此，则人生等于无生命之物，无自主、自由、自动、自造之力，将一切任造物者之化机所适而已。庄子好言"造物者"，又言"若有真宰"，又言"天地精神"，虽不直拿出上帝一词，而其意义实与上帝无甚异。庄子言"万物皆出于机，皆入于机"云云。机者，如器之动，有其开发之机也。机者，气之所为也，可名之曰气机。所谓化者，即气机之动耳。适者，气机之动，无一定之目的，只是随他动去。他，指气机。易言之，他化作此物，便如此了。化作彼物，也便如彼了。若就物言，则惟有顺从乎化之所为，没有一毫自主力。庄子曾言，"浸假而化予之左臂以为鸡，予因以求时夜"云云。夜半之后，将晓，而鸡先鸣以报晓，曰时夜。庄子盖自叹，已化而为人，乃于其左臂之运用不得自主，而听造物者之化以为鸡。此语奇妙。乃形容万物都无自力可用。一身之支体犹不得自主，况其他乎？庄子所云天游，并无精义。彼所称天，即指造物者。注意。与孔子言仁，孟子阳明言良知，不同义旨。此须大开眼孔，从儒与道之根本不可混杂处，讨个分晓。天游之天字，如不认清，即其思想之体系与根底，完全弄不清。庄言天游，当然是指人之心而言。庄子毕竟不敢否认若有真宰。真宰主乎气化，而赋人以形。赋，犹给与也。真宰运为神化，运者，运行。真宰之运行，即为神化。神化者，真宰之作用也。而赋人以知。此知，庄子亦谓之天明。儒学宗孔子，非不言良知，而良知是自性本有，不是从超脱宇宙而独在的真宰得来也。且良知须扩充、弘大，积众刚以充其仁，周万物以扩其知。董子《繁露》，说太空诸天体运行之健,而阐其义曰,"天积众刚以自强"云云。余按"积众刚"三字,大有意义。仁之德,必积众刚而后充沛。积众刚者,随时随事,必尽吾心之仁,不令私欲得乘权,以消灭仁之动机。(不令二字,一气贯下为句。)若有一时一事,仁心乍动,而私欲来战,如不振其刚以辅仁,则以后私欲易逞。刚不得积,仁心丧亡,而不仁之人,犹不自觉也。周万物者,《易大传》曰,"知周乎万物"云云,此言人之知必周遍阅历乎万物,而后其知始扩大也。阅历,犹云经验。仁知兼备,乃能与天地万物同流,兴裁成辅相之大业。《易》曰,"裁成天地","辅相万物"。故存养良知,与扩充良知之力用,皆是人生自成其能。《易》曰,"圣人成能"。圣人,非天生,人皆可勉而至也,即人皆可自成其能也。非徒保任其自性之明,毋六凿相攘之患,以独善自利者,可谓之有知也。非徒二字,一气贯至此为长句。道家去知去欲,实由老庄首倡。去知与欲,必遗物而不肯格物,与孔子致知在格物之论,正相反对。夫遗弃物理而不求知,此人道之大苦也。人者,自万物进化至最高级,与万物共同禀有刚健、生生、炤明诸德性之大生命,及禀有实质以成其形躯,是乃有灵性生活而亦不可缺乏实际生活之灵物也。人生最重要者,莫如灵性生活。失掉灵性生活,即不成为人。然必实际生活宽裕,无窘迫,即形躯得养,而生命乃有大自在。其内部潜藏之炤明、刚健、升进诸德性协合为一,发起胜用,恒与天地万物相流通,天地一词,包括太空无量诸天体。浑然为一体,无彼此之阂闭,是谓灵性生活。

佛氏出世法,其病根在于任迷情而逞空想。古代人智未开,迷信神力之情最盛。凡为教祖者,莫不依群情以起信,集众思以广说。(古时学术未兴,群众的思想,当然一致迷信神力,而逞其空想与幻想。虽亦有实用方面得来之经验,不无琐碎的知识,而毕竟为迷信神道之空想、幻想等积习所驱使,不能依据实物实事,以运用其思。易言之,即不易走上正确思想的路径。)教祖是集其族类中神道思想之大成,而立宗教之壁垒。其人未有不以空想为能事也。**佛教自释迦氏开山,以至后来小大各宗之巨子,莫不专竭其力,以从事于空想、幻想,而即以其空与幻之想,建立宇宙,**此云宇宙,便摄人生在内。**芒然自信为理实如是,强横独断。**释迦虽开其端,而大空大有两宗诸大菩萨,皆好名太过,好胜太过,人人喜著书以开厥宗,家家务造论以张其军,而托于大悲与大菩提,**居之不疑。**大菩提者,谓最高的智慧。佛家区别人之智慧,有小大广狭浅深等等不同。而大菩提,则为一切智慧中之最高慧。(智慧,简称慧。)最高慧者,观一切法空,不起执故,破一切障,无所疑故。**大空巨子如龙树,大有巨子如无着,皆其后学所共尊信为道邻极地,悲慧内融。**悲者,大悲。慧者,大菩提。极地,指佛。此云佛地,可有二解:一、佛教中建立修行成道之最高标准,名为佛地。佛法中修行工夫,弘大深远至极,谨严细密至极。其自始修以往,中间经历无量阶层,直至最后成道,登于极地。极地者,即佛地之别称也。问:云何为佛?答:已断灭生死之恶因,得无上正觉故,是名佛。此中佛地,是释迦以后,历小乘至大乘,逐渐拟定修行成道之最高标准。而各宗派之主张,亦不必一致。如小乘之无余涅槃,大乘之无住涅槃,其标准不同,最显著。此中问题太多,余不及论。二、小大诸宗,既共尊释迦氏为教祖,当然公认释迦万行淳备,诞登佛地。(诞,犹大也。)后学应当一致取法。释迦氏所以有人天师之号也。

附识:万行者,极言佛氏修行之门类,繁广至极,故云万行。门者,学佛者欲造至乎佛地,必由乎种种修行,譬如入室,必由乎门也。类者,种类,行有种种,称其数曰万,何止千门万户?余昔治佛典,玩其谈行持之广博,行,亦兼含持义。谓行而有持,以至乎佛地也,故曰行持。窃叹中华唐以后僧徒、居士,稍阅少数经典,犹不曾深究。其志行薄弱,乐趋简易。禅宗与净土,盛行于中土。理学之徒,杂染禅风,益流于狭隘,而不自知其陋。学术废而族类衰,岂不惜哉!余惟万行太博,惟,犹思也。恐学者莫知总持。大乘诸菩萨,曾标举戒定慧三学,甚有深意。余故提出,以待后之治佛学者,由是而精究焉。一、戒学者,戒律之学。追惟释迦,聚徒说法,说法,犹云讲学。往往因事制戒。弟子之言动,有一过失即制一戒,以防后误。弟子相聚者日多。人不得无过,制戒亦日多。释迦灭后,灭,犹死也。后学承先师之律,先师,指释迦。研究日以精微,遂成为博大深密之一种学术。夫戒律之本,要在不违自性戒而已。云何为自性?余虽欲与人言,恐难冀其体会,不得已而略言之,姑借用孟子之言,以便诱导。若直用佛典名词,或更增迷惘耳。孟子曰,"尽其心,则知其性"云云。余不引《孟子》全文,只欲说明心与性而止。若引其下文,解释便太繁。不释亦不可,故不引。余按孟子云尽心,此心是何心?设问也。下答。即孟子所尝为学者提示之良知是也。为,读若卫。良知,知是知非。而知其非也,必不为;知其是也,必勇为。此良知天然自有之能也。孟子所谓本心者,即良知。良知,亦称良能。本心,见《孟子·告子》篇。宋明理学家以为禅宗发明本心,此大误也。尽心者何?尽者,自尽。良知,知是必为,知非必不为。自发其能而不匮,充实而不穷乏,曰不匮。自信其能而不挠,不挠,不屈也。是谓自尽。自尽者,良知之自由,不为小己之私欲所夺也。已说尽心,云何为性?问也,下答。性,简称也。详称之,则曰性命。见《易·乾卦·彖传》等。李贤曰:"性,犹生也。"性命,犹云生命。人与万物,共禀受一元内含之大生力,以成其各有的生命;共禀受一元内含之实质,以成其各有之形体。大生之一方,有炤明等性,能发展为高级心灵作用者也。实质之一方,有凝结与迷阇等性,是与炤明之性极相反者也。人生本有性与形之两方面。性命,简称性。形体,简称形。性主乎形,形顺承于性,相反而适相成,此乃天然不可易之定则,人道所以成其大正也。孟子言尽心则知性者,诚以心与性不可剖作两物。性,是生生不容已之大力,惟其有炤明之德,德者,得也。性之所以得成其为性也。譬如白瓶有白德,是白瓶之所以得成其为白物也。故能发展为特殊的良知,是为最高级的心灵。心与性,本非两物,故孟子说尽心则知性。使心、性是两物,则何可由尽心而知性乎?譬如饮长江水一杯,而赏其清淡,终不可由江水而知海水之咸味。以江水与海水本互相远隔,不是一处故也。

已说心与性不是两物,今当谈自性戒。云何为性,已说如上。可覆看。自者,自己。性,是吾人自己本有之性命,故云自性。知是知非之良知,元从自性炤明之德而发展,不是无有内在根原,偶然发现。元从二字,至此为句。吾人应有返观一段工夫,认识良知即是自性。

自性戒者,良知常在吾人内部生活中赫然炯照。吾人意念之微,言动或事业之著,其为是为非,为善为恶,皆无可遮掩良知之明照。吾人如能克治小己之私欲、私见,而念念不敢违背良知，则百年之内，古人以百年为寿数之大齐。处心积虑或一切造作，莫不本乎良知之明照，庶几不至坠于罪恶之深渊。人生至乐，唯在是耳。处，犹居也。处心者，谓人心莫不有所存注也。善人之心，所存注者唯在向善。凶人之心，所存注者唯在作恶。虑者，思虑，不可随便忘失。凡所思虑，必务蓄积。学者勤求真知，趣向大道，日常旷然遐思，征之实事。时有新悟，积而弗舍。学人实功，惟在于是。若夫细人逐利盗名，凶物逞野心，贪权力，不知其思虑之积，果何所为？（为，读若卫。）一念微动，或是或非，皆是造作。一言一行，或好或坏，莫非造作。历史上人物，有功在天下后世，有毒流天下后世，皆是造作。人生百年，凡所造作，不可不慎。良知是吾身内在的主公。主公一词，见唐玄奘《赖耶识颂》。禅宗更常用之。但禅宗之主公指本心，甚是。玄奘宗唯识论之赖耶，便是神我，不可信为主公也。禅宗自有独到处，余亦不全非之。其明照恒存，恒者，恒常。良知之明照，恒常存在，无有一刹那顷不在也。时时在在，在在，犹云处处。赫然以真是真非，昭示于吾人。夫良知不待吾人学习而后有也。吾人受生之始，良知之端已与生俱始。俱始者，譬如有形即有影，谓之俱。并非生在先，良知后起也。并非二字，一气贯下为句。生也者，一元含缊大生之力用，所谓乾是也。乾，称大生。孔子之说也。乾有炤明之性，即良知之端也。余谓良知不待学习而后有者，良知之明照，明照，可简称明，或简称照。乃天然的自明也。不待经验，不待推论，而照用炯然，恒不蒙昧。即照即用，曰照用。两即字，显示明照即是胜用，胜用即此明照。照用二名，实是一事。推论必据已知以推未知，此非不学可能也。阅历事物，是为经验，此亦是学习之事。凡承认人能学习者，必先肯定人有内在的明几。几者，隐微。有明照的胜用而无形可睹也。明几与照用，名异而实一，皆良知发现也。如内无天然的明几，则学问之事，将从何而得有乎？经验一词，如析言之，有外在的事物为所经验，必须有内在的良知为能经验。而能之一方为主动，此无可否认。内无明照发动，以摄取与裁成外物之能，即无经验可言。上文摄取之摄字，犹摄影之摄。经验不得有，即知识不可能。知识不可能，即推论无根据。是故推论与经验，皆依靠内在的良知而始有。良知本来自明，注意。非有所待于他而后有其明也。非有二字，一气贯下为句。他，指经验或推论。良知是天然自明的，故不待推论而后有明也。其不待经验而有，已说如上。尤复当知，良知不即是知识。犹忆四十余年以前，诸生有以良知当作一种知识来说者。余曰，汝持此说，混乱太甚，不可不自省也。良知可以说为心灵，但此云心灵，实就源头处说。源头者，谓一元，含缊大生之力，《易》所称乾者是也。乾有炤明之性，绝不同于佛氏所谓迷闇的势力。详在本篇谈十二缘生处。万物共同禀受炤明性之大生力，以成其性命，其字，指万物。亦即以大生力之炤明性为其心灵之所由发展。其字，亦指万物。心灵者何？吾人返求诸己，不论静时动时，及外物来感与否，恒自觉得有常惺惺之一物。惺者，明睿之谓。惺而又惺，曰惺惺。常者，永恒惺惺，不改变故。无触，而未尝熄其明。无感，而未尝亡其照。极重睡眠时，似乎熄明、亡照。然有人呼之，即警醒立应。可见明照恒在，未亡未熄。是物也，无形无质，此处物字，及上文惺惺之一物云云，两物字均不是物质之物，乃隐然指良知。强名之曰良知或心灵。余在前文云，心灵克就源头处说,源头谓自性也。万物共禀受有明性而无闇性之大生力,为其自己之性命,曰自性。应知,即良知即自性。两即字,表示良知与自性,虽不无辨,毕竟不可分而为二。此类造句之法,特仿佛典。佛家精通因明、声明二学,持论谨严。一名或一词之立,皆不苟也。故说良知本来自明,不可与知识同年而语。世俗以两人生而同年,即是相等。谈学者,遇两义相隔太远,便谓不可同年,明其不相等也。《吕览》首造此句,遂成典故。明儒有说,良知是一切知识之源。此说亦有欠妥处。余在此文中不及论。总之,良知是吾身之主公。其明于是非之辨,而常监吾人于隐微中,监者,督也,察也。俾吾人凛然于真是真非之不可变乱。以是为非,以非为是,谓之变乱。而一切造作,毋敢习于凶秽也。凶者,残忍。秽者,污浊。恶人丧其性,残秽甚于兽类。自昔哲人,敬畏其内在的良知,故去恶如农人之除莠,绝其种也。良知帅乎吾身,帅,犹主也。是戒之主。良知,吾之自性也。自性以戒为其专司,专司,犹云主也。是为自性戒。夫戒,生于内在的良知,生于自性焆明之德。故戒者,自性良知之自由也。以后,简称良知。非若法律,自他人制之,不由大众各各内在之良知共决。如宪法,由国会议员,号为人民代表者制定之。实则少数议员,何可代表大众之良知?宪法公布后,国家有权责人民以遵行。其中条目,虽有为大众所返问诸良知而不必安者,卒莫能有抗议之自由。世界上号为君宪、民宪,各种国体之宪法,其真正足为大众良知可公认为真是者,恐未之有也。君宪,保持国家及君主制度,对外存国界,对内存阶级。民宪,并非真正民主,资产阶级执国命,《论语》曰"陪臣执国命"。按陪臣者,古时侯

118

国之贵族也。现代帝国主义国家，如美国者，却是资产阶级执国命。对外侵略弱小，对内压迫劳动人民。两种国体之宪法，两种者，旧称君主立宪和民主立宪，是两种国体也。此皆大众之良知所公认为有百非而无一是。应知大众之良知，一致共认为真是者，其惟孔子创明天下为公、群龙无首、裁成天地、辅相万物之大道乎？世间宪法，皆叛大道，反良知，是侵害自由之物也。唐生至中。尝问曰：良知，大自由，何须有戒？余曰：善哉，汝之问也。夫戒者，良知禁吾人从小己之私欲、私见，将使吾人丧失其与天地万物共有之大生命。生命，古称性命。人生迷执小己，纵其一切之私，即良知遭障碍而不得显发也。纵者，言其图谋自私，无忌惮也。小己者何？设问也，下即答。凡人莫不迷执其形骸为自我，是谓小己。凡人者，遍举一切人，故言凡。己，犹我也。小己，亦号小我。吾人本与天地万物共禀受大生之力，以成为大生命。即此大生命，是大我。然而一切人，各执形骸为小己，是皆妄从大我之全体内分裂出来，遂下坠而迷执形骸为小我。由此，常起私欲、私见，造作众恶。人生自殁于孽海，如蛛之结网而死于其中也，不亦哀乎？孽者，罪孽。罪孽众多，其广如海，故称孽海。有问：凡人顺从小己，便无忌惮，而纵其一切之私。良知渐失其主公之正位，尚得有自由乎？答曰：人皆迷执形骸为小己，直以形骸为主。良知虽失其位，失其主公之位，故云失位。毕竟不失自由。良知恒不熄其明，恒字，注意。恒不亡其照，恒不舍其对于人之密监与切戒，监字，释在前。是乃良知之大自由，不因人之背己而改变其常性，是乃真自由耳。己者，设为良知之自谓。人生本与天地万物通为一体,是为大我。不幸自背其良知,而认形骸为主,遂陷于至小至狭至下劣,以小己自缚,失其广大之性,性字,指天地万物一体之大生命。一切自私,无恶不作,无丑不作。王阳明曰,人之造作诸恶,只缘一向随顺躯壳起念。按躯壳者,形骸之别一称。凡人迷执形骸为小己,其邪欲横流,自非奔赴背叛良知之险途不可。叛良知故,丧其性命,不得为人,故是险途。良知认清天地万物为一体。天地万物一词,以后或简称万物。人之能存养其良知,而俾其常主乎吾身者,则其发于意念之隐微,乃至见于事业之粗显,自然一切与万物休戚相关,而不敢,且不忍以小己之私图,萌于衷曲。衷曲者,内心深微处,己所独知,人犹莫窥也。有问:良知云何存养? 答曰:汝于日常生活中,有时小己之私欲、私见发动,汝能猛力克去,不肯随顺之以背叛良知。随时随事均如此,便是存养良知。吾举一故事。吾乡有杜于皇茶村先生,其人与陶渊明并有千古。先生当明崇祯亡国时,与其同里刘君相聚痛哭,共誓不仕满清。未几刘君出应清廷科举,得状元。还乡,戴状元帽,衣状元服,亲谒杜公,欲其出而事清也。杜公闭门不纳。刘呼工人开门,而直入杜公卧室。杜公卧,不起,亦不语。刘自取头上状元帽,置杜公枕边。杜公吟小说中诗句曰:"我本多愁多病身,怎当得他倾国倾城貌。"刘乃羞惭,携其帽而去。吾为汝说此故事,汝当体会。刘初与杜公痛哭,誓不仕清。此际,刘与杜公同是良知明照,不可忘国难而变节。其后,刘取状元,则是顺从小己之私欲,背叛良知而无惭。杜公吟倾国倾城貌之句,刘始自羞,仍携帽去。其污贱至此,岂不惜哉! 自古无功德之帝王,君子视之,犹腐鼠耳,何况状元。凡人徇小己之欲,即耻心荡然灭尽。

吾年十岁,侍先父于乡塾。先父字其相。闻诸老先生聚谈，曰，间居，忽有私念乍动，即有二念继起。二念者，理与欲也。理念，诘责前念不应动。欲念，则回护前念之动，殊无内疚。两念交战，久之，余终以理念为是。时有一老人曰，兄之欲念回护前念，此是诡辨也，《大学》所谓自欺也。公不从欲而从理，所以日新其德也。又有一老人曰，尝有一日，猝然发生一事，谋所以应之。一念欲持正义，以折小人之狡。又一念主缓辞谢之，而勿招其怨。持正义者，理念也。避怨者，欲念也。吾终从欲，而惮于从理。自是以后，从欲时多，而见义勇为之意鼓不起，将为乡原之归矣。先父曰，公能内省，而不敢掩恶，譬如日食而复明，人皆仰之矣。诸老之谈，余喜听，而莫通其义。请先父解说，先父书数行，命不肖保存。曰：尔年二十后，回忆诸老之语，当可略通其旨也。余回忆前世老辈朴实者多，犹不忘内省之功。世变以来，淳风遂丧，无可复矣。诸老先生常在理欲交战中过活。莫求立本之道。此为程朱所误也。此中不及论。王船山尝曰"堂堂巍巍，壁立万仞"云云。船山此语甚好。但未知立个甚么。余以为，孟子言"先立乎其大，则其小者不能夺也"云云，正是壁立万仞。不知船山对于孟子所云大小，是否认定。余谓，大者，指良知。良知认清天地万物为一体，是为至大。王阳明承孟子而盛倡致良知，是为立乎其大。小者，指小己。一般人皆迷执形骸为小己，所以狭小一团，培壅自私之恶根，终不悔悟。吾人诚能不违背良知，加以充养，充者，扩充。养者，涵养。如孔子说，"君子无终食之间违仁，造次必于是，颠沛必于是"云云。见《论语·里仁》篇。朱注曰:"终食者,一饭之顷。造次者,急遽苟且之时。"余按,朱注"苟且"二字欠妥。苟且在心,不在事与时。以进德修业之心,与时俱进,决无苟且之时,以敬慎之心造事,何有苟且之事。今拟改"苟且"二字为"纷繁"。"颠沛者,倾覆流离之际。"以上录朱注。按语,余附加。此下亦余所加。必于是者,必不违背乎仁也。按孔子言仁,以仁德生生,众德之源也。后来孟子、王阳明言良知,以良知昭明,无一切迷闇,亦众德之源也。万恶始于迷闇,万德本于昭明。故致良知,而仁俱在。未有良知发现,而犹隐藏不仁之恶根也。存仁,而良知俱在。未有昏闇可以为仁者也。穷理,彻其源,横说竖说皆是。胶执名词,而莫能究其宏旨,此穷理之大障也。总之,戒学对于人生修养之道,最关重要。但须先立乎其大,然后不劳着意于戒条,而身心自然不放逸,不至破戒也。孔子之存仁,孟子、阳明之致良知,名异而实同,皆是彻悟自性,自性,说在前。乃返己而存仁,而致良知,则恻隐动,而照用行,自然有天地万物一体之实感。恻隐,就仁言。照用,就良知言。如齐宣王见牛赴宰场,有惨状,遂不忍,而免其死。事见《孟子》书。又如春日草木方长,如有斫伐者,则行路之人见之,亦莫不喟然。甚至陶器等不在生物之类者,一旦破坏,其常用此器之人,固太息。而旁人适睹此事,亦同发可惜之声。盖天地万物,若观其形,宛然各各别异,宛然者,形者,外表不固定故,遂云宛然。若论其性,则天地万物同此一大生命,诚浑然一体也。浑然者,不可分之貌。人之仁与良知,俱从性发,故其视天地万物皆为一体。此其字,指仁与良知。而于其坏灭,此其字,指天地万物。自有同情流

122

露,不容已也。已,犹止。以上举齐宣王事,及一般人对于草木等之同情,可见天地万物一体之感,是人人皆有。然复当知,人人偶有之,而不能常有。麻木而亡感者,乃其故态也。所以麻木者何?未能存仁,未能致良知,即不能常有天地万物一体之实感。存仁之存,是恒久不渝之存也。致良知之致,是恒久不已之致也。后言存与致者,皆仿此。总之,孔子以存仁立乎其大,即是于天地万物一体处认识大生命,认识自性,自性,即指大生命。认识大我,而破除世人执形骸为小己之大惑。汉司马谈曰:"神者,生之本也。形者,生之具也。"见谈之子迁《史记·自序》所引。余按,谈之言神,本于《老子》六章"谷神不死,是谓元牝"云云。谷神,王弼注颇详。弼注,为古今所重。而其释谷神之文,当有所本。老子之谷神,与印度古代外道之神我,及佛家之赖耶识,虽持说不必全同,而其坚信人生有真物焉,不随形骸俱死,则大旨皆相近也。老子毕竟是宗教思想。元者,大也,赞美之辞。牝者,能生。取譬于牝,以明生命力之盛。谈宗老氏,以谷神为生命之源,故曰"神者,生之本也"。余谓,谈宗老氏之谷神论,此其迷也,不可从。若其言形者生之具,是为符合实事实理之说。谈云形者,本形骸之简称。生者,谓生命。具者,犹俗云工具。此言形骸是生命斡运之工具。运者,运行。斡者,主领之谓。生命运行乎形骸中,而主领之也。余言,一切物之自性,是大生命。举一切物,即无所不包。太空无量诸天体,以及地球,乃一切物中之至大者耳。人类则进化而至灵者耳。大生命者,乃一元含缊大生之力用耳,力用,亦简称力。非宗教家所谓神也。一元含缊大生力与太素两方面。太者,大之之辞。素,犹质也。太素，谓物质。大生力与太素乃一元内部含缊之复杂性，相反相成。此处只就大生力一方说耳。又复当知，一元是一切物内在的根源，不是超脱乎一切而外在的东西。此义，导源于孔子《周易》。详在余之《乾坤衍》。形骸是工具，当然不可执为小己。己，犹我也。我，一而已。岂可妄说于大我以外，更有小我乎？大我即是大生命，亦称大生力。是乃无定在而无所不在。其在甲物也，即是甲物自身之主公。主公，为我之形容词。我者，主宰义，谓其主乎身也。其在乙物也，即为乙物自身之主公。其在丙物也，即为丙物自身之主公。乃至遍在一切物也，则为一切物各各自身之主公。犹复须知，一切物各各自身之大生命，即是天地万物共有之大生命。易言之，一切物各各自身之主公，即是天地万物各各自身共有之主公。余确信，宇宙是有生命的宇宙，不可说宇宙纯是一团物质。人生是有生命的人生，不可说生命与心灵，是以物质为其来源。物质与生命，同是一元含缊之两性。生命斡运物质，物质含载生命。但物质元是轻微流动之物，及其凝成一一实物，往往粗大至极，如太空无量诸天体是也。物质之发展极容易，又极粗大，极显著。又有固结、闭塞等性，此性字，是性质之性。故大生命力默运于一切物质宇宙中，而不易显发出来。又复当知，大生命力之出现，必改造物质为生机体，才有了生物，而生命得斡运于生物之机体中，得以表现其无上殊胜与崇高、丰富之德性。德与性，注在前文，宜覆看。此中其字，指生命。但有不可不知者，充满太空不可数计之物质宇宙，如无数的诸天体，从其各各内部之热度与外部之种种关系而设想，是否皆有适宜于生物之出生、长育等等优良条件，今犹未能测定。最要紧者，温度及空气之中和与否，营养物之生产完备与否，此皆不易得者。如地球有生物，发展到最高级的人类。此等盛事，必欲求之于其他天体，足为吾侪大地之同类者。余决定不妄疑绝无同类可得，而亦不必臆想可以得多数之同类也。生物需要之条件，求之太空无量诸天体，大概不易多得。但生命潜在物质中，不易发现出来，此是别一问题。而太空无量诸天体，确不是各各孤立，而是互相联系之一大完整体。吾侪大地上毕竟有大生命力，浩然充充实实，活活跃跃，破除固结、闭塞的物质而出，震动太虚，发其光芒，俾无量物质宇宙，变为生机洋溢，新新不已，大有不竭之生命宇宙，猗欤休哉。休，美也。《序卦传》曰："有天地，然后万物生焉……故受之以屯"。卦爻之义，可从多方面去发挥。《序卦》说明诸卦相承之序，每偏取一义以求通，不尽妥。然时有精义。《序卦》开端说有天地，然后万物生者，天地指乾坤二卦。乾取象于天，坤取象于地。象，犹譬喻也。并非谓乾即是太空诸天体，坤即是地球。并非二字，一气贯至此为句。《序卦》直以乾坤当作太空之诸天体及地球来说。《易》乾坤二卦之后，继以屯卦者，《序卦》云"有天地，然后万物生焉"。此处万物，实指生物及进化之人而言。太空之内，物质宇宙是先凝成，诸天体及地球是也。天地既成，经历长劫。劫，犹时也。长劫，犹云长远的时间。地球有适宜于生物出生的条件，故生物得生。此屯卦所以继乾坤而来也。《序卦》曰，"屯者，物之始生也"云云。生物初出生，此乃大生命力，从其潜伏于物质宇宙中，经过长远时间，备受闭塞不通等险难。今乃以刚健之动，战胜物质之闭塞，而得通畅，是乃非常之大变也。《屯卦》之《象》曰"动乎险中"。又曰"雷雨之动满盈"。余在前文云，震动大宇，即体会《象传》"动乎险中"之旨。生物出生，不是偶然之事。生命伏于物质中，闭塞太甚，是险难也。今大战，以破物质之重闭，才有生物出生。而生命在生物中，足以发扬其德性。过去的物质宇宙，根本改革，可以理会大生命力之动乎险中，刚健至极。圣人复取象于雷雨，以明其动力蓄之深远，而发之健且速。取象，犹云取譬。满盈者，大生命力充满太虚，盈盛至极。所以动而健也。人皆有此满盈之大生命，而不自爱护，乃迷执形骸为小己，遂成无生命之物。

屯卦说明生物之始。圣人作《象传》，阐明生命力长期潜伏于物质中，险难已深。其战斗之力，积久而动也健。圣人对于生命之体会，深微极矣。生物发展到人类，更能本其受生之初所禀受之大生命力，保此基源，而更加以自强、自创、自成其能。俾吾生初本有之基源，开拓、弘大。《易大传》曰"圣人成能"，此之谓也。有问：人非圣者，当难成能。余曰：汝是人，圣人亦人也。圣人自强，故成圣。汝不自强，故流于污下。如吾人生初，禀受之大生命力，本来含有炤明、生生等德性。含者，含缊。缊，犹藏也。凡物有德、有性。本来自有之，不从他处得来，故曰含。性者，性质。譬如水，有湿、润、流下诸性。德者，得也。如水之所以得成为水者，即以其有湿润流下诸性，故又应说湿润流下，是水之德。性颇复杂，德亦不一。此处特举炤明、生生者，提其要也。余确信，宇宙是有生命的宇宙，不是一团黑闇。生命有炤明性，故非黑闇。人生是有生命的人生，不纯是一团物质。人之形骸是物质，若其大生命力，则是运行乎形骸之内，而为其主领者也。（下其字，指形骸。）生命有炤明之性，能发展为特殊的智慧或良知。良知，是极明睿的智慧，必高级心灵发现时，才有良知。有生生之性，能发展为至广大之同情，及为正义而舍生之自由。生而又生，曰生生。生生者，仁德也。广大之同情，即与一切物共休戚之情也。如人见草木向荣而喜，见其被摧折而太息，是乃与草木共休戚也。及为之为字，读若卫。《论语》载孔子曰："志士仁人，无求生以害仁，有杀身以成仁。"（《论语·卫灵公》篇。）按志士者，志在存仁者也。志在存仁，即是仁人。非志士与仁人可分为二人也。正义者，如孔子倡天下为公之大道，孟氏贱诸凶猘之骗诈、霸术，皆坚持而不惧，是其仁心之自由也。总之，仁与良知，同发于大生命力之德性。如前所说，生生之德性发为仁，炤明之德性发为良知。此在《大易》，皆有明文可证。余坚信，任何人，如真有志乎存仁，致良知——致非暂时之致，而是恒久不已之致，存非暂时之存，而是恒久不渝之存——如是，便已坚固炽然，先立其大。炽然者，热情盛也，言已立其大，有坚持固守之热烈情感也。亲切认定天地万物皆吾一体，此处吾字，设为能立其大者，自谓之词。大我既已认清，决不会复有执形骸为小己之痴惑。从此以后，凡意念乍起，以及发于语言，见诸行动，无论为大为小之一切造作，自当悉向天地万物一体处周流无碍。随顺躯壳起念之狂迷，世有真能认清大我者，当然不会颠倒至是。随顺躯壳起念，此王阳明严责俗人之语。躯壳为形骸之别称。俗人执此为小己。自一切起意，以至一切语言，一切行动，无非为迷情所信之小己，而起无量痴念、邪念,(迷惑之情,曰迷情。为,读若卫。)造作无量罪恶。阳明子所以揭穿其内在的黑幕也。真正先立乎其大,存仁是恒久不息之存,致良知是恒久不已之致。此事谈何容易?人之迷也久矣,欲其不执形骸为小己,非人人可能也。人生持戒之功,究不可少。但有不可不猛省者,持戒须先识仁。识者,认识。平居密察,自心隐藏处,是否有杂毒未去。如其有之,是否有自愧自伤之实感。倘能察见内心,伏有杂毒,而惭愧悲伤,誓愿改造,此时之心才是仁。识得此是吾心之仁,善含养之,扩充之,俾其日益盛大,才是识仁。若绝不返照内心杂毒,此等人必是仁心久亡,私欲横流,无可自察。又如自己享受颇优,而于群生疾苦,绝不关怀,更不自觉享受之有过,此非有仁心者所可忍也。如何是仁,如何是不仁?世有为克己之学者,宜虚怀内省。克己,见《论语》。克者,克治。己,谓小己之私欲也。克治小己之私欲,去恶务尽,是谓克己。不能克己,无从识仁。小己之私欲横行,即仁心遭其障蔽,故无从识仁也。譬如云雾满天,太阳遭其遮掩,莫能见太阳也。不能识仁,即无仁可存。(凡人如任小己之私欲横流,即仁心遭其障蔽,而不得发现出,故曰无仁可存。)无仁可存,谁为知戒者乎?(知私欲之动,不可不严戒者,仁心之刚与明也。仁心丧亡,故无知戒者。余于此处,只就识仁而说。言仁,则良知俱在矣,非遗良知而不谈也。)总之,戒学,惟可与中材言。中国先贤衡人之根器,分为三等:根器者,谓人之或贤或不肖,或智或愚。当其受生之初,阳精阴血,和合而成胎儿,纯是天然之变化。此际,便将胎儿出生后,走上或好或坏的途径,大概已经注定了。各人生初,所经天然之变化,没有上帝为之制作一个齐一律。所以人之智愚贤不肖,各有根由,不能一致也。故说根。器者,人之好坏,各有类型。譬如器之或方或圆,各有类型也。故复说器。上云阳精阴血者,父之精为阳,母之血为阴。曰上智,曰中材,曰下愚。上智,聪明天纵,天者,自然之谓。纵者,开拓、弘大,无有拘碍也。无有放逸,不待着意持戒,而决不至于失戒。下愚顽蠢,不知戒。惟中材之贤,能识仁,而时或随顺躯壳起念,阳明子之言也,见上。即不常存仁。不常存仁,则小己之私欲,每乘机而起。幸吾人之良知,赫然司戒于中也。中,指内心深处。司戒者,谓良知警戒吾人不可顺小己之私欲也。吾人凛然承戒,而灭除小己之迷。本无所谓小己,但以迷惑之故,乃执形骸为小己耳。今灭除此迷,即小己本无有也。消灭一切邪欲与罪恶之原,原,犹本也。邪欲与罪恶,以小己为其本。(譬如草之生,必有本也。)灭其本,则邪欲与罪恶不再起。复其天地万物共有之性。惠施曰"泛爱万物,天地一体"也。按惠子言泛爱万物,即是以万物为一体,而又别提出天地说为一体,何耶? 余玩惠子之旨,其言万物,盖指植物、动物,以至于人,皆是共有生命之物。儒家之道,爱护植物,有"方春不折"之文,载在《礼记》。盖孔子之遗说也。其爱护动物之论,散见于故籍者,兹不及举。其言天地,盖指太空无量诸天体及地球,此乃无数的物质宇宙,实互相联系为完整体。大生命力斡运于其中,而不获发现出来,(其字,指上之物质宇宙。)故不属于生物之类,人亦莫施爱焉。然其与吾人为一体,则无可否认也。人之形骸,即是无数物质的完整体之一部分。而生活所摄取者,如光、如热、如空气,皆不限于一个太阳以内。太空无数太阳系,皆互相联系。吾一身之所摄收者,广远至极。此略举光热等为例耳。其可曰天地万物,非吾一体乎? 人情之爱,不施于天地,此其缺德也。圣人有"裁成天地"之鸿论,岂曰无爱乎?(圣人,指孔子。"裁成"云云,见《易大传》。)惠子弘扬天地万物一体之论,盖祖述孔子之《易》学。惜乎惠学早亡。中材,能努力向上,能存仁,能致知,知,指良知。即能见性,性,指吾人与天地万物共有之大生命。即能立乎其大。如是,则中材进而为上智矣。中材如习于偷隋,莫能向上,亦将坠退而成为下愚,是可畏也。倘能真正悔改,上达犹易,是在好自为之耳。人类中,惟中材居最大多数。上智或千百年难遇,极低之下愚亦不多见。但中材一类之内,复有优劣可分。劣者易于下流,贵乎发奋。陈白沙诗有句云"斗大乾坤跌一交"。此中乾坤,借用为天地之代词。跌而奋跃,思齐乎上,岂不乐哉?持戒,自强,力趣乎上,惟中材可能。思齐者,思与上智比肩相齐也。是余之所属望也。近年,上海气候反常,楼居如火宅。佛典云,三界如火宅。长期汗下如雨。衰年困惫,本篇急欲结束。此中谈戒学,才发其端。余无力续写,姑止于此。讲戒学,须先立乎其大,须识仁,须致如。(知者,良知,非知识之知。)中材,不可遽望其能如此,故常在理欲交战中。然其理念,犹是仁心或良知之发现,故可望其能持戒以自辅也。不能立其大,只于一念或一言一行之失,而制戒以相警,譬如头痛医头,脚痛医脚,终不是强身之本也。

戒学不深谈。今略说定学。定学者,静虑之学也。静者,精神凝聚专一。凝聚者,收敛于内,不随外缘浮散也。专一者,心有专注,不纷杂之谓。虑者,思维。中译佛典,作思虑。所谓静者,并非瞑目静坐,抑制其心而不用。佛家当然习静坐。法相、法性,众理奥密。冲静之中,思维万理而神明昭旷,此大定之道也。哲学家谈宇宙,有实体与现象之分,佛家析别法相与法性,双方之观点亦相近。双方者,谓哲学家与佛家。法相,犹现象也。法性，犹实体也。故曰观点相近。奥密者，奥谓法性之理，极深远故，密谓法相之理，极繁密故。思维万理者，即研究法相、法性之理。此据佛家诸宗经论，姑举其思维之对象，对象，指法相、法性。此二词之解释，详在余之《体用论》等。但不及论其思维术之得失。术，犹方法也。

慧学者，含养与发扬其智慧之学也。此与定学关系最密切。一切智慧，都从静虑得来。智慧有大小。小者，浅而狭。大者，深而广。佛家小大诸宗，分别种种慧，智慧，简称慧。名词甚多，余厌其繁琐。佛家慧学，自释迦造《五蕴》《缘生》两论，首明人法二我皆空，破一切迷之所依，灭一切惑之所托，是其慧之所由启发也。人法二我者，人皆自称为我。更坚牢执定自我，而厚自爱护，深自贵重，自私自利，一切动念，一切造作，皆为自我作计，为，读若卫。是为人我。法我者，佛书中法字与中文物字颇相近。中文物字，不论有形无形的东西，可通称之曰物。梵文法字，与物字亦相近。故晋译《中论》，有以物字代法字者。法字，如不得其解，则法我一词之含义更无从明了。今略释曰：法，犹物也。宇宙万有，通称为法。极微如元子电子之类。乃至太空无量诸天体，是谓色法。中译佛书中，色法之色字，乃物质一词之译名。心理的现象，曰知，曰情，曰意，是谓心法。世俗执定一切色法与一切心法，都是实在的东西。执心法为实者，起欲、起贪、起痴、起惑、起诸邪见，皆以为是自心之作用，不肯舍除。欲与贪，乃至邪见等等，佛氏称为心所法。心所者，谓其是心上所有之作用也。欲，谓私欲。贪者，如为私利，（为，读若卫。）而希求不已，或系恋不舍者,是为贪。公利,非贪。舍者,舍去之谓。除,亦去也。执色法为实者,为小己之私,为,读若卫。迷醉于物质之享受,物质,即色法。见上注。盲目追求,昏愚狂逞,无有餍足。近之为私人之相侵欺,远之为列国之大战祸,终于世界人类共同学习飞蛾投火,自取毁灭。中国有一种小虫,曰飞蛾。农村夜用植物油,以细草浸其中,燃灯。飞蛾争投灯火,自燃死。迷执实物,而不知有正义者,其惨至是。总而言之,佛氏观察众生执色法与心法皆为实有者,此皆迷乱的执着。佛书中执字,读者宜深心细玩。佛家一切经典,无量言说,不外于破执而已。执字,泛言之,则有持义,有守义。但佛氏所谓执,虽亦有持与守二义,而不是通常之所谓持守。应知,此两字,(持与守。)各有胜义劣义之分。如持正义之持,此胜义也。守正义之守,亦胜义也。至于佛氏所说破执之执,虽亦作持守二字解释,而其含义乃极恶劣,非胜义也。佛书中执字,须会通佛氏学说之完整体系,乃可得其正解。否则肤泛或混乱,将执字作持守二字解释,而绝不通佛氏说执字之深旨,即于佛学,未有了悟。信之固非,毁之亦大谬。执字,如深论,须别为文。吾说此段话,但欲研佛法者,毋忽视执字耳。有问:佛书中执字,以持守二字释之,则持字不是持正义之持,守字不是守正义之守,应如何体会? 答曰:今略取譬。佛书中执字,如作执持释,则此持字,譬如购鱼于市者,手持系鱼之绳,腥臭甚恶。旁人偶近之,掩鼻急走。而持鱼者,常欣然不觉其臭,固持而惟恐失之。如作执守释,则此守字,可举一事以说明之。世间污贱之徒,挟拜金主义,剥人以自富,满盈已极,而犹患不足。有识者鄙之,而赐以名曰守财虏。此虏之守甚苦,劳精敝神于守财之计,甘为财货之奴役。人生之意义与价值,果何在乎? 此虏乃梦梦然了其一生耳。以上略举二事,可以体会持与守之意味,即可以体会佛氏所说执的意味。(佛氏说心,亦名为意,是染污性。意之动,常有所系，不明净故。于所系而起爱，乃若有味，是为意味。）众生执心法为实有，（此处众生，就人而言。）遂于一切欲或贪，乃至邪见、偏见、浅见等，皆持之甚坚，而唯恐或失如嗜烂鱼之臭，守之极固，而犹惧不永。（恐不能永久固守也。）与守财虏之痴且固，何所异？执心法为实有者，其持守之痴迷与坚痴，已说如上。执色法为实有者，其持守之情痴且固，可依上说而推知，故弗赘。又复应知，佛氏诸论籍与疏或记，有时以执字与着字合用为复词，曰执着。着，犹执也。余不妨更赘片言。（片言，犹半言也。见《论语》。）执着者，就主观方面言之，是作雾自迷，就客观方面言之，大雾为障故，不可发见客观存在的实事、实理。佛氏以诸众生于色法、心法，妄计为我、我所故，起执着故，是为法我。永善邓子琴昔尝问曰：人法二我，读大乘经论者所习见。人我一词易知，法我一词颇难解。欧阳大师常说，执之异名为我。（异名，犹云别名。）二我，犹言二种执也。人法二我，即是人法二执。大师此说，究未释我字，不得无疑。余曰：汝之疑，诚不可无。大师之说，亦是。但执与我，终欠分疏。佛家谈我执，（我，即是一种执，曰我执。）本分别我和我所。人皆自认为我是独立的、实在的，即以自我与他人或一切物对峙起来。利害、得失、种种计较、种种斗争，由此起。既已执着有自我，（我之一词，有时冠以自字，而单举一我字之时多。他处未注者，准知。）同时，即执着有我所。我所者，我所有的一切东西，都称我所。世人皆认身躯为自我，而亦兼认为我所。妻与子、孙，皆我所也，乃至种族、国家，亦我所也。（凡言乃至者，中间尚有多数应举而不及备举，故言乃至。）种族之有歧视与战争，国家之富强者侵略贫弱，或大国并吞小国，其祸端之开，必由强国或大国当权之野心家阴谋侵吞弱小，而煽动民众牺牲财物与生命，以供野心家之驱使。野心家幸而遂其欲，即其个人之权力与声威得以扩大。而战胜国之国财与民命，损伤实大。若狂逞不已，终必自取覆亡。第二次世界大战之首祸者，皆自灭其国，以灭其身也。人民易受野心家之煽惑者，则因一般人皆以种族为我

133

所有,不容他族歧视故,国家为我所有,不容他国侵吞故。此即我所的爱根。若有强大之国或族,谋侵吞弱小,弱小实当提醒我所的爱根以抗战。但我所本是惑根,只有在战胜强大之来侵,保卫我国、我族时,才可说是爱根。此外,不宜妄逞我所之私爱。私爱即是惑根。人类当认识天地万物一体的大生命,先立乎其大,不可执形骸为小己。不可培养我和我所之惑根。国家与种族,此二种我所,是人人从出生以后,逐渐养成的。今后,不可固执狭碍的国与族之我所私爱。余有甚多意思,此处不及谈。人生由执自我故,即执有我所。我所,若从宽泛说,则无从计其数。上文举眷属与团体等,是人人皆有的我所。(团体,指国家、种族。)今更就人生之藏于中、形诸外者而言。(藏于中者,即是其形于外者。形于外者,即是其藏于中者。非内外有两样。)一切众生,(此处众生,乃专指人而言。)莫不贪财利。财利,即其我所也。莫不爱名誉。(佛书中爱字,皆是贪之别名,与儒家言爱者绝不同。此处从佛书。)名誉,即其我所也。莫不求地位。(清季以来,社会各方面活动者,如政界、学界、实业界之类。务结朋类相标榜,争取名流地位。在学校者,必得教授始快,甚至游海外,取博士为荣。清世朱九江、李慈铭诸公,外人求其诗文,拒而弗见,曰,彼焉能通吾旨耶? 闻庸俗之称誉而来,吾耻之。文学古邦,朴学巨人之风,亡绝久矣。)地位,即其我所也。历史上枭桀而怀野心者,莫不争权力。权力,即其我所也。我所极多,不可胜举。如上所说,略示其概。君子坦荡荡,(此孔子之言也,见《论语》。)浩然无有我执,即无有一切我所之迷执。(我执之我字,指迷人所执之小我。迷人者,迷闇而无知的人,谓之迷人。)众生本可为君子,独惜其居下流而不返也。(返者,不甘下流,返而向上。)

余已为子琴说我、我所。(为,读若卫。)子琴应知我、我所一词,可简称我。有我,即有我所故。一言乎我,而我所已俱在,不须繁辞也。佛书中多此例。如有心,即有心所。故书中有时单举一心字,而诸心所已俱有,不必更列举也。此例,见《成论》,可考基师《述记》。经论中说人法二我,虽未别举我所,而一言乎我,即我所俱在。此不可不知也。又复当知,我和执,本是一回事,而不得不分两方面。(言我,即摄我所在内。后皆仿此。)执者,执着。余已说在前。我,虽是执,而我毕竟居执之先。(此处先字,不是时间先后之先,乃是以我为主的意思。)须知,一切人皆是依托于色、心诸法而执为自我和一切我所。易言之,每一个人,从其一身,以至无数物质世界及复杂至极的心作用,互相集聚为一团。(谓身和世界及一切心作用,互相聚为一团也。每一个人都是如此。)这一团,粗分之,则为身心两方面。(此处言身,即摄无数的物质世界在内。身与物质世界联系为一,不可分割故。后言身者准知。方面,简称方。)独心之一方,有认识和分别、综合等等作用,能分析无数的物质,而复观其统一,不觉其碎散。更能认取与己结合在一团以内的物质,亲证此为自体。(更能二字,至此为句。己者,设为心之自谓。证,犹知也。此者,指物质。自体,犹云自身,谓心亲知其与己结合在一团以内之物质,是其自身也。)心的作用,未甚发达者,或直认定形骸为我。(形骸,即身之别名。)心作用发达较高者,或由心的复杂作用互相关系间,形成统一的自我观念。然据一般人之情见而论,则鲜有不执其自身为我也。(情见一词,禅宗语录常见之。见者,见解。情见者,以其从凡俗之情发出,故云情见。余按,以上所说,多不直叙佛氏本义。然而我和我所这种迷执,是依托于色法和心法而始起此迷,此迷,指上说我和一切我所的迷执。是乃佛氏之根本原则。余于此,确无所变易也。)

子琴前举大师说,执之异名为我,而琴不能无疑于其说。余谓执之异名为我一语,是以我与执为一,绝不分疏,似有未安。(凡言我,即摄我所在内。他处未注者,皆准知。)余以为,我和执,不妨说为一事。但一事之中,有不一者在,须分疏才好。(疏,犹解释也。云何为我,云何为执,须分作两方解释清楚。)有我即有执,故我与执是同时俱有。前云不妨说为一事者,即此故。然复应知,所谓执者,毕竟是一个泛而又泛的动词。必

135

先对于色心诸法,认为是自我,(先字,见前注。)才执自我为实有。(上说认字与此说执字须分清。认,不即是执,而执,必认了才起。但执与认是同时。)众生本是色和心两类法,集聚成一团。(身体是色法。主乎身者,则是有了解性之心法也。)此一团,相反相成,归于统一。(色有质而心无质,色无知而心有识。识,犹知也。故说相反。心主乎色,此处言色,克就身躯而言。色顺从心,而与之同功合德。相反适以相成,卒归统一。)故此一团,元是有独立性和全体性的。(余此说,是佛家极端反对的。)众生既各各都有此一团,即都是有独立性和全体性的,应该各各自返,而警发自我的认识。但是,众生未能进化至最高级者,(最高级,指人类。)其生机体之组织甚简单,心作用亦未发展。不独植物无自我认识,即高等动物犹不能有自我认识。人类中之下愚,只是执形骸为我而已。古今哲人,真能认识自我者恐不多。佛家慎重修行,以认识自我为主要。其初步工夫,首破人我。则执形骸为我者,是其所决不许。其说大有病在,而不无可取。此不及论。但佛氏始终信有细心或赖耶识,(详见本篇谈十二缘生处。)永远轮转于生死海,受无量苦。(生死海指世间。)此与外道之神我论,实无异处。只不用神我之旧名,而变为细心等新名耳。佛氏破外道,余甚不取。神我轮回,理论难成,事实无征。(如轮回之说可信,则宇宙间之神我,当有定数。永远是若干神我,初受某种众生身,而生于世间。未几死,然死者其身耳,神我实不死。又受某种众生身,生于世间。神我只有换身,不会死。轮回确是佛教笃信、笃信而坚决不疑的主张。多读其经论,便可见。)更有法界大我,亦与大梵天不异。佛教是出世的宗教。其为道也,反人生,正由于无自我的认识故耳。自我之认识,是有无上甚深意义。(无上者,吾人于自我,应有大明、正确的认识。此中意义极崇高。未有出乎其上者,故云无上。甚深者,非浅识可测故。)人生若于自我无真认识,即不能有明确的人生观,(明者,大明。不入迷信,不杂私见,不动邪思。迷信者,缺慧。私与邪,不独缺慧,而迷执小我,不能自解脱。其患尤深。有是三者，不成乎人，何有人生观可说。确者，正确。既明矣，无不正确。）亦不能有明确的世界观。出世、厌世、避世，皆细人无知而习于委靡、薄弱、自私自利者也。（有问：先生以出世列细人之首，似贬佛氏太过。答曰：吾于释尊及其后学中大师，有实修者，皆怀敬恭之忱。佛法偏而失正，是另一事。其大悲众生之愿，余不敢不服膺。若后世教徒，不务实修，只求奉养，非细人而何？）孔子主张成己、成物。尽己之性以尽人之性，尽人之性以尽物之性，乃至裁成天地、辅相万物，是乃由于有明确的人生观，遂有明确的世界观。盖洞彻一己与天地万物共有之大生命，（一己，指孔子自己。此处承上文，是就孔子而言也。）直立乎其大。（立字，吃紧。如只是知解上见到了个人的生命，即是与天地万物共有的大生命，而修养上却不能实现此理，如此，便是不能立定。即其知解是有浮泛的，似知似解，而非真知真解。似者，如紫似朱，而实非朱；如莠似苗，而实非苗。最可恶者，似也。立得定者，譬如吾国之葱岭山，屹立于大地，不可倾，不可摇。）是于自我有真切的认识，故其于人生，以成能为盛德。（古代宗教使人归依天帝，不敢信自力。孔子主张人须自成其能。已见前文。夫人之能，无限者也。帝尧有“天工人其代之”之训，是人能成天之所不能也。依天帝者，消灭自有之能。依自力者，自发无限之能，无有不成。成能乃人生之盛德，孔子以此立己而立人也。立人者，引导与扶助一切人，使其皆自立也。《论语》载孔子曰“仁者，己欲立而立人”。）其于世界，以裁辅为大业。（裁辅者，孔子有裁成天地、辅相万物之洪论。王阳明虽张天地万物一体之义，颇有得于孔子，而于裁辅之大用，则茫然无体会。孔子内圣外王一贯之学，广大如天地，变通如四时，阳明当理学禅学交流之世，简单狭碍之唯心主义盛行于时。阳明受其影响，宜乎莫睹孔子之大也。至于良知之说，虽有符合于乾道，〈乾称大明，亦称易知。知而曰易，即良知也。〉然乾道有元，阳明未究。又乾坤之义，广大深远。阳明单提良知，亦未窥乾坤之蕴也。然阳明之学，简而得要。

理学必宗阳明。)孔子认识之自我，是为大我，是通天地万物为一体者也。圣人辅物而不宰，(辅相，犹扶助也。《易》云"辅相万物"，其义弘深。宰，犹主也。不宰，不敢为万物之主，任其自主耳。此言万物者，就人而言。古籍多如此，下同。)导物而不有其智，(顺万物之情，集万物之智，未尝自用其智也。)育万物而不有其功，(鼓万物以互相合作，互相扶勉，以完成一切生产事业，是乃万物各尽所能，以自育耳，而鼓之者不有其功。孔子所以赞尧舜二圣之无为也。)合成己、成物而为一。(成己必须成物，己不离物而独存故。成物即是成己，物亦不是离己而孤立故。)圣学本不许有小己，与天地万物相隔截。宇宙所以交泰，而无否塞也。(《易经》有泰、否二卦。否，闭也，塞也。泰，亨也，畅也。截，犹断也。断，读若旦。谓凡夫执形骸为小己，即与天地万物分离远隔，彼此截断，不可通畅也。此圣学所不许可。)

　　凡夫认形骸为自我，(亦称小己或小我。)此是迷乱，本非认识。姑随凡情，说为认识耳。其所谓小我，本来无有，只是迷情执为有耳。余已说在前文，可覆看。认有小我，(以后，或简称我。)即执与我同时俱起。所以者何？人之迷也，既误认有小我，即将我以外之一切物，(一切者，综天地万物或人，而遍举之。)通目之曰外物或外界。我与外物既对峙，一方必于自我起爱护或贵重等执着，(爱护之爱，是贪也，私也。儒家言自爱，是慕善去恶，无失其性，此非贪爱之爱。)另一方必于外物起贪、瞋、痴等执着。(于食色等物起贪。于外物对我为不利益或情不相投者起瞋。于一切时，不论接物或不接物时，而恒有痴伏于隐微中。痴，犹迷也，愚也。世间凡夫，各有种种迷，各有种种愚。如乡原之徒，胸有城府，顾及毁誉。其言动之间，常欲令人非之无可非，刺之无可刺。自谓人皆在其掌握中矣。不图旁观有识者，早已窥其为乡原也。人之巧于用机者，莫如乡原。实则其机不足为巧，乃迷之甚，愚之极也。痴之毒最普遍，此但略举一例耳。贪瞋痴三者，佛氏号为一切惑之本。凡惑，皆有执与之俱也。)凡夫误认有小我故，乃有执同时俱起。我与执，似是一事，而实不可无分。子琴举欧阳翁之言曰，执之异名为我。余谓执不即是我，但此二者相依俱有耳。（二者，谓执与我。此二紧切相依，是为俱有。）误认形骸为小我故，同时误计我以外有外物在。故有我，即有我所。有我、我所故，即一切执所以与我同时俱起。夫执，必有所执。（所执一词，注意。）若无有我、我所，即无有所执。（执者，即是执有我、我所。故我、我所，是为执之所执。）如无有所执，从何而说执乎？故执与我，虽同时俱起，毕竟由误认有我故，才起执着。（执着我是实有也。）故执之异名为我，此说犹欠分析。

犹复当知，真认识大我者，即通天地万物为一体，是乃即相对即无对。（两即字，明示相对与无对，不可破作两重世界。〈重读若虫。〉个人和天地万物，就其形体言，是个别的，是相对的。就其生命言，是不可分割的，是一元内含之健动力，所谓大生，是无对的。）迷者误认形骸为小我，而执着小我是真实有。悟者真正认识一元内含健动力，是个人与天地万物共有的大生命，是为大我。余说至此，人或疑余以己意傅会《易经》。余考诸《论语》，孔子明明有二种我之说。一、《颜渊》篇载"颜渊问仁"。孔子教颜子克己。克者，两国交战，攻破敌人，曰克。己者，谓小己也。小己，亦称小我。小我不攻破，大我便不能立起来，故须克己。二、《宪问》篇载孔子曰"古之学者为己，今之学者为人"云云。（为，读若卫。）按朱子《集注》引程子："为己，欲得之于己也。为人，欲见知于人也。"余谓程子解此章，根本不识一己字。即为学之动机莫可得其正，大背圣人教学之意也。（圣人，指孔子。）圣人教颜渊克己，此己是小己不待言。克字，甚猛。一般人都是小己乘权，时时在在，（在在，犹云处处。）随顺小己以障碍大我。大我几失去主宰形骸之权。（大我，亦称大己。）犹如云雾障碍太阳，太阳尔时不得显其大明之用。小己障碍大我，其害若是。不以猛战克之，小己何易消灭乎？朱子《集注》解克己处曰，"己，谓身之私欲也"，而未指出此己是小己。只说己是身之私欲，朱子之于身也，殊无正

139

见。汉司马谈曰:"形者,生之具也。"按形者,形骸,即身之别名。生者,生命之简称,具者,俗云工具。身,本是生命斡运之工具。(生命运行乎身中而主宰之,故曰身是生命的工具。)谈之言身,确有正见。身只是工具而已。朱子以私欲归罪于身,身其肯认罪乎? 惟人也,误认其身为小己,于是放纵其身,以与外物相交,(身,物也。以身交接乎外物,孟子所谓物交物也。)而一切私欲,炽然纷起。罪不在物,祸始于人之误认此身为小己,且同时执小己为真实有,是以人生颠倒,私欲横流。天下滔滔,群生梦梦。若不讲明圣学,(圣学,指孔子之学。)人类终不求自明自了,如处长夜,岂不惜哉! 今当略说上文所引《论语》两章之大要。《颜渊》篇载"颜子问仁"。不详其发问之意,今细玩孔子答以克己之旨。可见颜渊之问,不是于仁道无有知见,(知者,知识。见者,见解。)但自觉未能实现仁道于自身,犹是空洞的知见,故请实践之方耳。孔子知其真机内动,直示以血战之力,攻克小己。此外无他术也。(此章看似平易,而实深远。全章不及详解。吾精力衰。)《宪问》篇载"古之学者为己"章。朱注于此处己字无解释,只引程子曰"为己,欲得之于己也"。余按此章所云学者,是就一般学人而说。(学人者,俗语所谓研究学问的人。)孔子盖太息当时学人为学之动机,纯是本于小己之私欲。(当时,指孔子所值之时。为学之为,犹治也。治学,犹云研究。)程子解"今之学者为人"曰:"为人,欲见知于人也。"余按欲见知于人者,盖在当初发动研究学问之本意,便已想望要誉于世人。前世士人务广交以标榜。清季迄民国,青年人入学校,辄向各方面活动。此辈研学之动机,只在为人,以谋禄利而已。凡此,皆是小己之私欲。学人蠢然,如蝇营狗苟,即学业有成,亦只图自私自利而已,何可望其能领导群众,裁成天地,辅相万物乎?(何可二字,一气贯至此为长句。)况卑污杂染者居大多数,可得而精其业者,能有几人欤? 孔子伤时人误认形骸为小己,堕落不堪挽救,乃发"古之学者为己"之永叹。其所谓己,乃指大生命,所谓大我是也。如一般人都能认清大我,于此立

140

定，则其生心、动念，以至发为语言，见诸行事者，一切皆从天地万物一体处反省一番。倘有小己之恶根潜伏，而良知之照察甚明，犹可望其提醒戒惧，以图自新。若绝不知有大我，而惟误认形骸为小己者，则其迷乱不知所止。为己是一种根本之学，孔子之内圣学是也。百科知识之学，虽各为专门，不得不求精。而根本之学，要不可捐弃。此学绝，而人道无由立。自孔子作《周易》，创明天地万物一体之大义，晚周季世，惟惠施子承其绪。不幸其书俱亡。爰及明代，王阳明盛弘此学，而其门下各派，莫有继述。惟罗念菴、唐荆川尝提倡阳明天地万物一体之学。而阳明晚年禅功颇深，两公似不肯道。然念菴仍近禅，终于《大学问》，无所发明。《易》道广大悉备，好禅好理者，大概不耐游心于其间也。(《大学问》是阳明手写之一段话，文字甚少，即发明天地万物一体之义者。好理，谓理学。)朱子于"古之学者为己"一章，未解释己字，但于《颜渊》篇，曾释克己之己字曰"己，谓身之私欲也"。古学为己之己字，当然不可与克己之己作同样解释。朱子却不释，而忽略过去。朱注引程子曰"为己，欲得之于己也"云云。余玩程子之言，己且不识，得个甚么？窃考《论语》载孔子曰"君子无终食之间违仁"云云，(违，反叛也。不违者，不反叛乎仁也。)正是为己之实功。仁者，大我之德也。不违仁，即是不违大我也。云何不违？(设问也。下答。)存仁之功，永恒而无间断。(断，读若旦。断，谓绝也。前念存之，而后念不继续，即间断了。无间断，便常存。存之工夫要永恒。)俾大我得常主乎吾身，是谓不违。人人肯留心于为己之学，人人不忍丧失其天地万物一体之怀抱。如是，则百科之学，无一不当研究。百科知识，皆本诸仁道以实行。《易大传》载孔子之言曰"知周乎万物，而道济天下"。此之谓也。(《易大传》盖孔门大道学派记录孔子之说也。其原本已毁于西汉初年。今伪经《系辞传》，即孔门之大传。其中犹偶存圣言，须明者善择耳。知周者，周犹遍也。谓人之知，能周遍明了圣物之理则也。有疑遍知，是不可能者。余曰，积人、积世、积知，则万物尚有神秘可藏乎？

《大学》"平天下"之道,以"致知在格物"立其本,与此处全合,是为圣言无疑。)

误认小己,即起执着。有小我,即与天地万物相对峙。故一方贪爱自我,而执着之。一方于外物有贪、有瞋、有痴,莫非执着也。若真正认识大我,则不容有执。所以者何?大我有生生、炤明等德。(生生之德,发而为仁。炤明之德,发而为良知。)本来纯净,(纯者,纯善,无杂染故。净者,清净,无垢污故。)执不容生。(人情起执着,即有杂染,即成垢污。大我本来纯净,故执,无从生也。)又大我者,若从一切物之自身,推出去而说,(一切物,即综天地万物与人而尽举之。)则不妨说为一元内含之大生力。(此处说一元,却不是说一元在天地万物以外。说一元内含大生力只是一方面,当然更含有与大生力相反之一方面,所谓太素是也。素,犹质也。太者,赞词。太素,谓物质也。)大生力者,无定在而无不在。在甲物,亦在乙物,乃至遍在无数的物。大生力,随其所遍在之无数众物,而皆主领于其中。故就一切物共有大生力而言,则大生力是为一切物之大生命,是为一切物之大我。吾人认清大我,于此立定,即通天地万物为一体。本来无有内我与外物对峙,又何至于有我、我所之执乎?欧阳翁说"执之异名曰我"。此说固欠妥,然非欧阳翁之错误。欧阳翁本宗主大乘学。(实则应云大乘有宗。)佛家不承认有实人、(实人者,谓世俗执有实在的人也。今简称实人。下言实我者,仿此。)不承认有实我。(我者,凡人莫不自称为我也。佛氏不许有实人,则无实我不待言。)自释迦氏五蕴之论,已破人我,后来小乘、大乘诸师,无有不谨守释尊遗教者。大有诸师(大乘有宗,简称大有。)皆以人我为妄情之所执,(此处当引大有之三性中第一性,但嫌文字太繁,故略之。)是则人我本无,不得不说为执之异名。欧阳翁守大乘本义,不可疑其错误也。

今略结以前所说,余因佛家破人法二我,而于其说不能苟同,(其字,指佛家。)遂提出余之主张。余肯定人与天地万物共禀受一元内含之大生力,即此大生力是一切物之大生命,是一切物之大我。(一切物,见前注。)大我者,若通一切物而言,应说为一切物共有的,若克就每一物而言,又应说是每一物自有的。犹须注意,每一物自有的,即是一切物共有的。(即是二字,吃紧。不是每一物自有的大我以外,别有一种大我为一切物所共有也。)一切物共有的,即是每一物自有的。(此处思之易知,设若误想一切物共有的大我,不即是每一物自有的,如此则共有的大我,乃超脱乎一切物而独在,便不异于上帝。佛家建立不生不灭的法界大我,仍同于大自在天。中国佛教徒有说佛法非宗教者,岂不谬哉?)

讲哲学,须肯定当前生生活活、变动不居的无量宇宙、无量世界。(宇宙、世界二名,异名同实。佛典有云,世为迁流,界为方位。中文释宇云,上下四方曰宇。界之义,为方位,即与宇同义。中文释宙云,往古来今曰宙。世之义,为迁流,即是时间相,〈相者,相状,读若相貌之相。〉与宙同义。佛书中世界一名常见,而无宇宙一名。昔有云南聂耦耕居士颇怪之。余曰,世界一名,犹宇宙也。耦耕曰,然。此处宇宙、世界,二名并用,只用作复词耳。)

人我、法我,释迦氏之《五蕴》《缘生》两论,本已广破。后来大乘崛兴,乃谓小乘但了人空,未解法空。(了者,了解。)人空者,人我空也。法空者,法我空也。大乘责小乘未解法空,其实不满意于释迦,而未便直言其缺。小乘去释迦较近。释迦没后百年间,佛法一味,无甚变异。至佛没后四百年,小乘发展始盛,分派已多。虽出世法之根本原则,未改释迦遗规,而枝条繁盛,异同之论纷然。及龙树出生于释迦没后六百年,始立大乘之帜,遂将释迦没后五百余年之佛教,一概黜退,而目之为小乘。然龙树仍戴释迦为教祖。其后,(佛没后九百年。)无着出世,继龙树而称大乘,惟以龙树盛宣空教,(观一切法皆空。以此教学者,曰空教。)其后学未免沦空之弊,故力张有教,是为大乘有宗。(沦,犹溺也。谓其陷溺于空无之见也。自昔论者皆曰,龙树言空,空其妄执耳,其本意并不谓一切都是空无，但其后学失先师之旨耳。余按从来为哲学者，〈为，犹治也。〉好为一偏之论，及其不可通处，则又融入反对之说而不自觉。龙树虽自称为非空非有，中道之教，若寻其思想之体系，而玩其主旨，毕竟归于空耳。已说空，而又曰非空。已说有，而又曰非有。彼以为，说空恐犯一偏之过，说有亦然。故其结论，以非空、非有，自鸣中道。夫已说非空，而又云非有，既非有矣，不谓之复归于空，得乎？宇宙间果有非空非有之一物乎？如谓非有者，以其无有妄情之所执，故说非有。殊不知，妄情所执，是主观作雾自迷耳。若迷雾消灭，还能说一切都无所有乎？佛菩萨好訾外道戏论，顾不自思其玄谈亦戏论否？自古攻空教者，不敢议龙树，而以沦空之过责其后学。余不谓然。〉如上已略说小大诸宗派，今当返顾上文，关于人我、法我二执，大乘与释尊颇有不同之故。略说如下：

法我一名，最宽广。人我，亦是法我。其所以别说人我者，则以人我有特殊义，故从法我中提出别说耳。一切有，通名为法。故曰法我一名最宽。（一切有一词，无所不包。佛氏所谓生灭法及不生不灭法，此词皆可总括之。）我字，依佛氏之见，本可释曰，我犹执也。法我，即法执之谓。（对于一切法，而皆固执为独立或实在的东西，是为法执，亦称法我。）人我者，动物进化到最高级，圆颅方趾，有智慧或知能，有情感与意志，有创造力，能言语，能合群，是为人。人皆自称为我，以其具有独立体，与他人和万物对峙，能自为主宰故也。是为人我。（我者，主宰义。）释迦氏不承认有独立和实在的人我。（人我，以后简称我。）彼以为，（彼者，指释迦。后仿此。）所谓人者，本无有独立体。曰人、曰我，都是假名而已。（假者，虚假。本无有实在的人或我，只是假立之名耳。）云何说人无有独立体？彼以为，所谓独立体者，本来空。何以故？人我，无他，只是色法和心法，互相集聚之一团，（色法，可称物质现象。心法，可称心理现象。）假名之曰人我。今将色心两类法，破析为五蕴。（五蕴，犹云五聚。）试问独立体果何在乎？譬如芭蕉，众人皆睹为独立之物也。忽将芭蕉叶片片尽行剥落,向所睹独立之芭蕉,譬如病目见空中华耳,岂真有此独立物乎?(此,指芭蕉。)人生只有色和心五蕴,幻聚一团,本来无有独立体,可名之曰人与我也。(本来二字,一气贯下为句。)五蕴名义,说在本篇释十二缘生处,可覆玩。兹不赘。

如上所说,释迦首造《五蕴论》,直将人我说为空无。其后,小乘至大乘,虽均有别持有教之学派,(主张一切法皆有,以矫正空教之偏,曰有教。)而有教终亦不能不趣向空义。佛没后四百年,小乘甚发展。又百余年,龙树崛兴,(龙树于佛没后六百年出世。)始张大乘空教之帜,盛行于五印度。直至佛没后九百年,无着突起,犹自托于大乘宗派,而特张有教,以救空教之偏。大乘法海之内,虽起波澜,而清辨犹是龙树嫡传,誉满五天,(印度古分五部,别称五天竺,简称五天。)学弘般若。(《般若经》,大乘空教之所宗也。清辨弘扬般若之学。)无着重其德业。玄奘为无着学派之大师,印人称之曰大乘天。(称之曰天,尊之至也。)而于空教之大经六百卷,誓愿竭尽精力,翻译此经来华。译成,而奘师归寂。(归寂,犹言死也。)奘师游学于天竺时,大乘有宗正盛。而奘师尊重《大般若经》,不惜促其寿命。由此,可推见尔时印人习有教者,犹是以空教为本也。《五蕴论》首空人我。空教是其正传,无疑也。又复应知,佛没后四百年,小乘各宗正盛。至六百年,而龙树之空教风行。据此,又可推想龙树未出世以前之小乘诸派,其间宣扬空教者必多巨子。何以知之?《大般若经》,佛家共推为群经之王,诸佛之母。此经是纂集众师之说,而成兹伟大宝典,不独非一人所能为,且非一时之作也。若龙树以前,小乘发展时代,空教之传授甚不广,其思想尚浅薄,则龙树出生时,空教毫无基础,其能偶然以孤陋寡闻大阐空教,推倒释尊殁后四五百年之佛教,(指小乘各派。)一概黜为小乘,而五天竺佛教徒莫有能抗者,竟任龙树肆其狂志,改造宗教思想能如是速乎?(其能二字,一气贯至此为长句。)余不信龙树未出世以前,空教无基础也。吾不信《大般若经》是龙树出世以后之产物也。(若谓龙树搜集古所传空教诸遗说而辑成大经,此亦可能。)吾由《五蕴论》之空人我,而知《大般若经》空教的主旨,确本于释迦氏也。

大乘空有二宗,或以为五蕴之论只空人我,未空法我。余不敢苟同其说。人我,只是从法我中提出别说,吾已说在前文。《五蕴论》破析色法和心法为五聚,不独将人我消灭,即色法和心法亦都破坏,无有固定性的色和心二法,固不待言。是则色和心诸法,莫不同归于消灭。而谓五蕴未空法我,有是理乎?

十二缘生之论,余已说在前文,不复赘。佛家自小乘至大乘,无一不祖述缘生之论。龙树《中论》曰"因缘所生法,我说即是空"云云。出世法之毁坏宇宙人生,其巧妙特在缘生论。万有(宇宙人生之总称。)皆由因缘集聚而生起。(亦可说万有皆互相为缘而生起。如此法为彼法之缘,而彼法得生;彼彼诸法为其他彼彼诸法之缘,而其他彼彼诸法得生。凡言彼彼者,通多数而言也。万物莫非互相为缘而生也。)缘生之义明,则宗教家天帝造万物之说,不攻自破。但释迦之《缘生论》,最大缺点,略说有三:一、缘生之义,只可说明万有的表象,而万物通有内在的根源,彼乃置而弗究。(万有与万物二名,其实一也。)问曰:释迦首说有不生不灭法,后来大乘据此而说为色和心诸法之实体,何曾不究万物之根源。答曰:色和心诸法之实体,当然不是超脱乎色心诸法而独存于外界。且色心诸法是生灭法,佛氏乃以不生不灭法为生灭法的实体。此种理论。如何可通? 余谓万物之实体,即是万物之真实的自身,是乃万物内在的根源。(譬如大海水,是众沤的自身,亦是众沤之内在的根源。大海水,比喻实体。众沤,比喻万物。)不可幻想有不生不灭之僵固死体,脱然独立于万物以外也。二、释迦以色心诸法是众缘所生故,遂不承认其为实有,(其字,指色心诸法。)而说为如幻,说为空。此大谬也。宇宙本有实体。(宇宙者,色和心诸法之都称。〈都,犹总也。称,犹名也。都称,犹云总名。见郭象《庄注》。〉色心诸法共有一元,为其真实的自体,简称宇宙实体。

譬如众沤,共有一大海水,为其实在的自身。)蓄然万象,(蓄然者,众盛貌。万象,指色心诸法。宇宙者,即此蓄然万象也。)活活跃跃,变动不居,唯其自体真实,故能如是耳。而佛氏乃见为如幻,见为空,若非空想与幻想所误,何至有斯倒见哉。(倒者,颠倒。见者,见解。非正见故,非正解故,谓之倒见。)

犹复当知,释迦不肯承认有实人、实我,乃以为所谓人我者,只是色和心两类法集聚为一团耳。此一团颇似独立体,乃人我二名之所由立。(人我二名,说在前。)而人我之执,由此起也。(以上叙述释迦之意想。)释迦自信其所见甚明了,于是欲破析色和心集聚之一团,以消灭独立体。则人非实有,即我非实有,理趣豁然易解。人我之迷执,将不待攻而自破矣。释迦作《五蕴论》之深意盖如此。余谓释迦大误矣。彼不正视当前真真实实、源源不竭、活活跃跃、变动不居、健健进进的宇宙,(彼,指释迦。源源连言之者,言宇宙本有内在根源,生生无尽,不守其故,而常自创新。故曰:源而又源也。健健者,健而又健也。进进,张横渠语也。宇宙非如机械,乃是大生命力为主动,以斡运乎物质而成变化,故其性刚健。变动不居,正是其健也。进进者,进而又进,无有停滞,无有已止。健故进也。)而乃迷信有神我轮回、漂流苦海无尽期。(佛家之细心与赖耶等说,实是神我之别名耳。余说在《乾坤衍》等书。)由是发生出世思想,而有消灭人生、毁弃世界之猛志。(世界,犹宇宙也。)其《五蕴》《缘生》两论,既不承认人我为实有,更妄说色和心两类法皆如幻,皆是空,(色心分为两类,似有割成两物之嫌。孔子之《易》,心物二方只是实体内含之两性,可以说为两方面,而不可割成两物也。佛家便将心物割开了。余有时说两类法者,则以叙述佛氏义,自当符其本旨。)芒然以其幻想,(芒然者,迷惑之貌。)成立完全违反实事实理之戏论,岂不怪哉? 出世法来华,吾华僧徒与诗文家,崇信者众。盖轮回之说,诱其迷信,玄谈浮虚,投其惯习。(两汉锢人智慧,江左士流遂变为浮华与空虚。思维之路塞,玄谈

可以自娱,习浮虚者尚焉。出世法入华夏,〈中国古称中华,亦称夏。夏者,大也。殊无好影响。此处不及论。〉〉

释迦不承认有人我,故以为人生乃色心诸法集聚之一团耳。此一团,本来如幻,而人情执之为独立体,自称为人、为我,是大惑也。如将色心集聚之一团,破析之为五蕴,即此一团便消灭,无所有,而独立体何在乎?释迦之论如此。余窃叹释迦以色法和心法集聚,解释独立体,是乃铸九州之铁不足成此大错。(中国古代内部分九州,外部分四裔。错者,由铁铸成之一种器具,其名曰错。而一切错误之错字,与此器具之名〈错〉形同音同。自昔文人多借用此器名以形容犯错误过重者,盖责之深也。)集聚之说极不应理。(应,犹合也。)农村儿童游戏,聚散沙为山,聚飞雪为人。此乃人为的集聚法之始也。自然界万物生成,是否由于天然的集聚法,此中不及论。人者,有生命之灵物也。余笃信生命是全体性,是不可分割的。每一个人,都是与天地万物共同禀受一元内含之大生力。此大生力,无定在而无不在。其在每一个人的独立体中,为彼自有的大生命。(彼字,指上说每一个人。)其遍在天地万物,为一切物共有的大生命,(上其字,指前说大生力。一切物,为天地万物之简称。)亦可别称宇宙大生命。(宇宙大生命,即是每一个人的大生命。每一个人的大生命,即是宇宙大生命。有问:个人的生命,何以说为大?答曰:吾举一譬喻。每一个沤,皆以一大海水为其自身,大海水不可分割故。大生命不可分割,犹大海水也。任何物,皆是禀受大生命的全体,不是于大生命中取一分来也。)

复次,据《周易·乾卦》,乾称大生,亦称大明。明者,炤明。乾道大生,有炤明性,而无迷闇性,故能发展为高级心灵,为智慧与克治小己的道德,所以赞之曰大明也。乾为大生力,一切物共禀受之以为其大生命,所以赞之曰在生也。生命一名,古称性命。李贤曰:"性,犹生也。"汉诸葛武侯曰"苟全性命于乱世"云云。性命,即生命之别称也。孔子合生命与心灵,而同称曰乾。乾者,健也。乾备众德,而健为首。众德皆与健相依俱有也。宇宙太初,物质世界先成,而无量诸天体尚未能具备发育生物之条件,即一元内含之大生力,只有潜伏运行于物质中,而不能改造物质为生机体,即不能开展大生大明之德性。《易·乾卦》初爻曰"潜龙勿用"云云。盖以太初生物未出世,大生之力潜藏于物质世界,不得显发其德用,故于初爻取潜龙勿用之象也。(《易》每卦六爻,自下而上。下者,潜伏而未显著之时也。龙能潜能飞,故《乾》取象于龙。刘瓛曰,象犹譬喻也。取象犹取譬。乾为生命、为心灵,皆始乎隐伏而终于盛显。始乎闭藏而卒乃奋飞。太初,物质世界出现,而生命与心灵不显著,非无其根柢也。生物发育之条件未备,则乾德大生之力,不得不隐藏于物质中也。至于二爻见龙之象,〈见,读若发现之现。〉则生物出现,而生命、心灵已不复隐藏,如旭日方升,进进不已也。至于五爻飞龙之象,斯盛极矣。)

乾,称大生。万物禀受之,即为其性命,(此中万物,太空诸天体与人皆摄在内。其字,指万物。性,犹生也。见前。)已略说如上。今当略谈坤。余在前文中,曾说天地万物共禀有一元内含之大生力,以为其生命云云。此但就乾道一方面而言耳,实则一元本含有乾坤两方面之复杂性。天地万物皆共禀受一元内含之两性。《大易》六十四卦,所为以乾坤居首也。今当继前而谈坤。坤称太素。太者,大之之辞。素,犹质也。(坤称太素,见《易纬》。)《说卦传》曰,"坤为地"。地乃有实质之物,故坤取象于地。有质即有能,(能者,能力之简称。)故坤取牝马行地之象。乾之性为阳,坤之性为阴。牝者,阴性。马之行动至健。坤为能,故取马之强于行动,为能之象。《易大传》曰"坤以简能"是也。(乾道深远广博。坤道简单。简而有力,故称能也。)坤道,质和能兼备,而质为重要。太空无量物质宇宙,所由凝成也。无质,则太空洞然无一物。而乾道大生之力,将无所依据,何从显发其刚健、生生、焀明、升进等德性乎?故坤称太素,以配乾之大生。圣人之意深矣。(圣人,指孔子。)天地万物,共禀受坤之

149

太素,以各成其形体。(凡物不属于生物之类者,各成其气体、液体、固体等形。生物,自植物进化到最高级之人类,莫不各有形体。如人之身体,号之曰躯壳或形骸者,是皆坤之实质所凝成。)无论生物或非生物,而一切物之个别的形体,皆与太空无量诸天体互相联系为一体。大宇之内,(旧说上下四方曰宇,谓空间也。)无有一物可以孤生、孑立者。(孑,犹独也。)秋毫之末,犹与三千大千世界相关联,若手足之在一身也,况物之大者乎?(佛氏说,三千大千世界,确定其数,自是神话。今借用此词,以形容太空至大无外。而遍布太空之世界,多而又多,当远过于太平洋诸岛沙子之数。世界广大,吾人胸怀不宜自狭。)

乾为生命。(言生命,而心灵即含摄焉。以后不再注。)坤为物质。(言物质,而能即摄焉。后亦不再注。)《易》之道,乾统治坤,(可玩《乾卦》。)生命力斡运乎物质也;(斡运者,生命力运行于物质中而主领乎物质也。)坤顺承乾,(可玩《坤卦》。)物质含载生命而顺承生命力之开辟也。(假使无有乾道大生之力,则太空无数物质宇宙,纯是顽石、块土,从何而得改造物质为生机体乎? 物质不能自改造,必承生命力之开辟,而始有生机体出现也。)

孔子《周易》乾坤之义,余已略说如上。今当绳正佛氏色心五蕴集聚为一团之论。佛教所以不同于厌世主义者,厌世思想仅不满意于现实,佛氏之出世法,只以迷信神我长劫轮转于生死海,大苦无止期。由是激发宏愿,遂有消灭人生、毁弃宇宙,将别投于不生不灭、清净、寂灭、法界大我之乡。余窃玩浩浩三藏,无量义旨,而控其纲要,寻其皈向,姑为佛教思想作一结论如上。

释迦以色心五蕴集聚,破析之,即不成一团,以此说明独立体非实有。此乃释迦作雾自迷耳。人与万物,(此处万物,即含摄太空无量诸天体以及大地皆在内。后仿此。)从一方面观察,各各自有独立体。(最大如诸天体,至灵如人。极细者如一粒沙子或秋毫与微生物,莫不各有独立体。)从另一方面观察，一切独立体，(言一切，即无有不包含者。)皆互相关联，为浑然不可分之全体。(浑然者，不可分之貌。)所以者何？据孔子《大易》之义，宇宙间每一个独立体，实皆共同禀受一元内含之阴阳两性，交相推动，卒归合一。(乾性为阳，坤性为阴，本相反也。合一者，阳主动导阴，阴终于顺承阳，是谓合一。)万物与人都是禀受一元内含阴阳两性之和，而成为各各的独立体。余确信，人和万物生成之故，惟孔子豁然洞彻。(故者，所以义，谓人与万物所以生成之理也。)万物不是无有根源，凭空幻现，(此云万物，即包含人在内。幻现之现，读若发现之现。不是二字，一气贯下为句。)定有其元。(元者，原也，亦释为根源。)元，无对故，应说一元。一元，是内含复杂性，决不单纯。(内含者，谓一元的自体之内，含藏复杂的性质也。性质，简称性。他处未注者，准知。单者，单独。纯者，不杂之谓。西学一元唯心、一元唯物，皆以一元为单纯性。余不信单纯的一性，可起变化而成万有也。)孔子《大易》创发万物共同禀受一元内含乾坤两性之和，而得成为各各的独立体。此乃实事实理，法尔如是，不由臆想建立。倘非天爱之徒，谁肯犹疑此理？(法尔，犹云自然。借用中译佛书之词，不必全符其义。臆想者，空想也。天爱者，佛典中斥人之不慧而好狐疑与横议者，曰天爱。以此等人，是众所共恶，惟天帝怜爱之耳。)人皆有生命，是其所禀受于一元之乾性也。(此处单就人而言，不提及万物者，乃举例之辞耳，非谓万物无生命也。)有问：万物中唯生物皆有生命，若诸天体及大地，及气体、液体与固体等物，若土石等，岂可说有生命乎？答曰：汝以为，凡无有生活机能、可睹见之物，即只是一团物质，决无生命。此乃肤浅之见耳。孔子之《易》，言潜与见。(见，读出现之现，乃显著之谓。《乾卦》初爻，取潜龙之象。二爻，取见龙之象。初爻深潜地下，二爻始见在田。自二以上，至于五爻飞龙在天，皆见也。潜者，伏藏无限的可能，隐而未见，其力甚大。见，则健而又健，进而又进，至于飞跃戾天，健而弗坠也。《乾卦》首明潜与见，实为《大易》全部示其例。义旨弘

博深远,不可忽也。)老聃谈有无,释迦论空有。(空,犹无也。)二氏皆不精
于即物穷理,未能体会变化之妙也。(注意。)见者,诚有,非空非无。潜
者,隐而未见,而实不无不空,且为大有之始。二氏殆未测及此乎? 追维
太初鸿荒,(濛然无所有,是谓大荒。鸿,大也。)无量物质宇宙逐渐凝成,
但生物未出生,即生命、心灵都未发现。吾人推测,无量物质宇宙凝成之
时间当甚长远。生物出生所需要之条件,当然甚多。最要者,如温度适
宜、空气适宜、雨水之量不至于缺乏,以及土壤必利于生物。此等必要的
条件,定不可缺其一。如不能完备,即生物无从出生与发育,生命莫由发
现。庄子叹造化之谲怪,诚哉其诡怪也。(庄子造化一词,殆信有造物者。
〈者字,为主字之代词。下同。〉余言造化,只就万物自身之变化而言,实
无造物者。)人有难曰:宇宙本际,(本,犹始也。太始的时期,曰本际。)唯
是物质,生命未出现。孔子作《易》,以乾为大生之力,坤为实质。惟乾主
变以导坤,坤乃承乾而化。此自生物进化到人类,其生命力强盛,心灵著
见光焰,有官天地、府万物之功能。(见,读发现之现。官,犹主也。生命
力潜运乎天地万物中,而主导之也。府,犹藏也。心灵能改造万物而利
用之。郭子玄曰,"人之生也,〈此中生字,乃实际生活之生。〉形虽七尺,
实举天地万物以奉之"云云,是有储万物于府藏之义,《大传》所云"备物
致用"是也。孔子以生命、心灵为乾道,而以天地万物皆坤道之实质所凝
成。)由是仅注意于人类进化时期,而倡乾主坤之论。独惜其不推究乎生
物未出生以前,唯是物质宇宙,本无生命和心灵。(独惜二字,一气贯下为
句。)先生宗孔,而反西学唯物之论,无乃有未审欤。答曰:子之言有无
也,其犹老聃欤。佛氏谈空有。空,犹无也。二氏之有与无,是以相反而
立名。有则不无,无则非有,二词不可捆乱也。圣人于《大易》,只言潜与
见。(见,读现。注在前。他处见字,可准知。)名正,则义不乱。夫潜者,
隐藏而不见,本非空无。而子乃谓生物未出生以前,生命和心灵本无。
此非深穷实事实理之谈,乃逞臆妄说耳。余将破子之惑,略发二问。

存斋随笔卷一

一、大宇之内，蕃然万物，自有根原。汝曾见有一物，无因而生，偶然幻现者乎？（汝曾二字，至此为句。）二、生物中，如植物者，其生生之全力，蕴藏于果子之内层，世俗所称种子者即此。（生生之全力，以后简称生几。但此几字，与木旁之机字不同义。几者，动之微也。生生之力，活活动跃，当其未著，其力伏而颇微，故名之曰几。余少时，好于春日游竹园，常于清晨忽见新笋破土而出。昨夕月下，此处尚无笋也。余推想此新笋出土时，当是活泼泼地动跃而出。因此而识任何生物，通有生几。）果子外壳之内层，含蕴生几，不独植物之生命力储蓄于此，而亦为传种于后之备。故果子是极贵重之物。而此物之出现也，乃在芽生、根长、干大、枝繁、众叶与群花相继发育之最后又最后，此贵重之物始出现。岂不怪哉？余常求其故而不得。试询之老圃，老圃曰，曾有人言，植物之芽，有种子为因，故生，不是无因而得生也。其继起之根，则由芽而生。根又生干，干又生枝，乃至众叶、群花相继生，最后由花生果子，植物之发展始完成。吾闻此人之言，不敢许为然。因折之曰，如君之论，则唯芽有种为因故生，根则由芽生，不谓其有种。干由根生，亦不谓其有种。自干以下，枝叶花果，都是前一层转生后一层，至最后之果子而止矣。殊不知，果子含有生生的全力。此全力者，天然有复杂性。芽之性，根之性，乃至花和果之性，皆由果子内部所含生生的全力，本有芽与根等等多样性故也。（乃至者，中间多不及列举，故云乃至。）中国药物学，发明草木之性。其号为一草或一木之芽、根、干、茎、枝、叶、花、果，其性各别，鲜有同者。一草之各部分，由芽至果子，可谓各为一物，各有其性。草犹如是，而况木大于草乎？果子内含生生的全力，实有多样性。（世俗所称种子，即指果子内含有多样性的生生全力而言也。）今若只许唯芽有种为因故生，而不许芽以下之层层发展都有种，乃逞臆妄说，芽可偶然转生根，（此云转生者，实即转变。后仿此。）根又偶然转生干茎，乃至花可偶然转生果子。据此而类推，万物蕃然，只是从最初出生之一物以后，便逐层皆偶然转变。此等说

153

法,持之无故,言之不能成理。吾是以不敢许也。老圃之说如是。余因此而有感于宇宙论中之最大问题。唯物论者以为,上追太初,无量物质宇宙逐渐凝成。其时未有生物,即本无生命和心灵,于是建立物质为一元,亦复作为第一因。其犹芽之有种子为因欤?物质宇宙凝成以后,渐有生物出生,即生命和心灵显见,(见,读发现之现。)且日益盛大。唯物论者则以生命、心灵看作物质的副产物,亦复看作物质的发展。此与俗谈植物自其芽出生以后,唯是逐层偶然转变者,又何异乎?夫芽有芽之性,根有根之性,谓根依芽而与之并生则可,谓芽能亲生根则不可。枝叶等,可准知。生命心灵,皆与物质绝不同性。不可说物质性能生非物质性的生命、心灵,而且建立物质一性,以说明宇宙之万变或万有。试问,一性如何成变?变必有对,此理之不可易者也。老圃言种子含藏多样性,虽克就植物而言,其义则包通广大。谈哲学者不可不知也。复次,植物之果子最后出现者,殆由果子含有生生的全力,为传种于后代之准备。故此物不可急遽出现。(此物,指果子。)植物必经其各部分发展较备,然后果子可出生也。若谓其出生最后,遂妄计果子是从花而生,本与旧种无关,唯最先出生之芽,确有旧种为因故生。芽生以后,则根从芽生,干茎从根生,枝叶等等可类推。盖自芽生以后,只是逐层转变耳。此说错误,余已辨在上文。今且单就果子而言。果子倘是只从花生,不有旧种为其因,则新生之果子,其形应与过去的果子全无相似处。(过去的果子,即上所云旧种也。果子与种子二名,虽不无分,而种子是指果子之壳内所含藏者故。即此二名,其义相通,不妨通用。)然新果之形,本不是旧果之形遗留下来,而新形与旧形确有相似,不容否认也。又如尝试新苹果之味,确与记忆中过去苹果之味相同,而不同于梨等之味。以其所从生之种各别故也。据此而论,则谓新果子是从花而生,无有旧种为其因者,不责其无知妄谈,云何可忍?(此上于果子一名忽加新字者,因对旧种而言故。)如上所说,植物之果子,出现最后。而不可妄说从芽生以后,根与

154

干茎、枝叶和花，以及最后之果子，都是逐层转变，均与旧种无关。（而不可三字，至此为长句。）诚以即果求因，新果子与旧种明明相似。不可妄说最后出生之物，（指新果子。）无有种子为其因也。凡物有至小，而穷其理可以推之于至大之域。事有至近，而玩其义可以推之于至远之境。果子出现最后，不可疑其自身无根蒂，而妄说为花之转变。（不可二字，一气贯下为句。）由此类推，唯物论者以为，宇宙太初，先有物质，即断定物质为一元。无量物质宇宙凝成以后，迟迟而又迟，最后始有生物，即生命和心灵才出现。因此，不承认生命自身有根蒂，（此云生命即包含心灵。后仿此。）竟将生命看作物质的副产物，岂不怪哉？植物之各部分，皆由具有多样性之种子为其因。（其字，指各部分。自芽以至果子，皆植物之各部分也。）妄人疑果子最后出，即与种子无关。老圃犹能斥之。宇宙实体本含有乾坤两性，其动而成用，则为生命、物质两方的现象。而生命斡运乎无量物质世界也。（斡运者，谓生命力运行于物质中，而为其主导也。此中其字，指物质。）唯物论者不悟实体，遂以物质当作实体。根本处错误。故疑生物未出生以前，本来无有生命和心灵，是犹愚者见植物之果子最后出现，而疑其由花转变得来，不从种子生也。（是犹二字，一气贯下为句。唯物论者以为心灵是由物质的发展而有，与谈植物者以果子由花之转变，所讨论之问题绝不同，而其错误则两方有相似者。）上文所说颇繁芜，今当结束。余所以不承认果子是花之转生或转变者，盖以果子之生成，有正因，有旁因。旁因亦名助缘。助缘颇多。正因是主力，主力不可分也。果子是每一个植物发展到最后之大完成或总结局，还要传种于后。所以果子是极贵重之物。其出生决不是花之转生，而是本于具有多样性的种子全体的力量发生出来。（此中种子，即过去的种子为现在新物所从之以生起者。前文所云旧种是也。现在新物生起果子，不是由花转生，实乃旧种发动其全力而生此果子也。）花之力，对于果子之生成，只是密切的助缘。芽与根及干茎枝叶等，其对于果子之生成，皆较疏远之助缘耳。唯旧种是发生果子之主力。此不可不辨也。又复当知,物各有性,其变不乱。吾侪断不可妄信物质能转生或转变生命和心灵。(云何转生? 转者,转易,谓凡物有转易其原状而另生起别一物者。如水转换其液体而生坚冰,即一例。转变之义亦同。前未注者,仿此。)凡物之转生,惟同性者可能。如水转生坚冰,不改水之湿性,故遇热复为水。水亦可化为汽,而亦不变水之性。汽上升于空际,遇冷空气还为水。故凡物之由一状态转变为另一状态者,必同是物质性。此事实之足征者也。若谓物质性能转生非物质性之法,(法,犹物也。借用中译佛书之名词。此处用法字,乃指生命和心灵而言。)则于事实不可征,于理论不容成。余深感穷理之事,上追及于宇宙人生根本问题者,至广大,至深远,吾人诚当参考古今哲人之论,以资启导。惟必须自己发问,而不可轻守一先生之言,先入为主,以蔽掩真理。必也,仰观于天,俯詧于地,远取诸物,近取诸身,然后有所深悟,自信不背于真理。忽然见得前圣有先我而发之者,则奉为宗主,以明真理可后先同证。(余自少年时读《易》,至四十岁,犹无正解。五十前,余始自悟体用不二,自是于《易》契会日深,乃知学人于理道未有真见者,读古今人书终无从入也。)其或孤往,而无承于前,亦难信于今欤。学问之事,独立无倚,夫何尤乎?

上来已说,生命出现,后于物质,(凡言生命,即摄心灵在内。凡言物质,即摄能力在内。后不再注。)而不可猜想生命是由物质转变得来。今当略述《大易》根本原理,以明乾坤之渊奥。(《大易》,谓孔子之易。根本原理,借用近世通行之名词。而吾意则正指哲学上之所谓元,或实体。渊奥者,言乾坤之义深远至极也。)《大易》阐明万物同禀受一元以生成。(此云万物,即收摄太空诸天体,乃至于人,皆在内。)一元的自体之内部,含藏乾坤两性。乾为生命,具有健健、(健而又健,曰健健。)生生、(生而又生,曰生生。)炤明、(能发展为良知或智慧。)升进等性。(升者,向上义。常向未来,创造不已,进进不退故,曰升进。等者,不及备举,故复言等。

性者,性质,简称性。)生命备诸善性,故称乾道。与生命相依俱有者,(由生命之炤明性而发展故。)是为心灵,亦属乾道。

坤为实质,(亦称物质。)具有柔、(柔者,阴柔。健之反也。柔而能顺从乾,方成其美。)阇、(阇者,无有炤明之性故。)迷、(迷者,迷乱。坤不顺乾,即失其正常之道。见《坤卦》。)固结、(物质之未凝成实物也,亦是轻微流动的。及其凝为各种实物,则密结坚固。)闭塞、(固结既坚强,即闭塞不可通,不可破。)势不自举、(《易纬》称坤之性不能自举。升进之反也。)其动也刚等性。(刚,犹猛烈也。此言能力之发动,威猛至极。如原子能之破坏一切,无有能御者,是其征也。)物质之性,几皆不善。惟有顺承生命力之主导,方可与之合德同功,故称坤道。有物质,即有能力相俱。(俱者,质和能相依俱有之谓。)能亦属坤。《易大传》曰,"坤以简能",明文足征。乾主变以导坤,坤承乾而化,所谓相反相成,是为乾坤合一。(变化二字,向来作复词用者最多。间有将此二名分别解释者,然皆随文取义,无关宏旨。惟《易》之例,则以乾主变,坤主化,不容混淆。余按乾性炤明、刚健、生生、强于自创自造。创造者,常舍故创新,故谓其主变也。坤性柔阇,不能自创自造。《易纬》言坤,势不自举,是也。故惟顺承乾之主导,是为化。)万物共同禀受乾道,以为其生命,共同禀受坤道,以成其形体。(万物一词,包含至广。物之大者如太空无量诸天体,灵者如人,皆包含之。其他不待言。)每一物,都是乾坤合一之独立体。无数的独立体,互相贯通,互相联系,为统一的大体。(大体一词,见《孟子》。)生命是不可破析的,是无定在而无不在。但各物之形体,则由于坤道有分化,而成无数的个别物,所以有无数的独立体。然生命力普遍运行与主宰乎各各独立体。如是,则从表象上观察,独立体是不可以数计的个别物。若于独立体而不固执其表象,能进而体会无数独立体所共有的大生命,是乃通天地万物为一体,孟子所谓大体是也。(通天地万物为一体,无有多数的和个别的分界,故说为一体。但对于无数个别的独立体来说,

157

又应锡名上说的一体为大体。)孟子教人认识大体,于此立定。此为人道之大正。若不能立乎其大,将迷执形骸(即小体。)为小己,妄从大体中分裂出来,丧失大生命,下坠而同于禽兽,人道熄矣。禽兽本有大生命,但其形躯尚未改造完成,不足为生命所利用之优良工具。故禽兽虽不无智慧之可能,而终不能发展。因此,莫能认识生命,徒为其形骸所缚,只有保护其形骸之知觉运动。如追求食料及牝牡之欲,如是而止矣。此外,无所了悟。人虽有知,而丧失生命,只为小己作计者,其贪求享受、名利、势位、权力等等,茫然无餍足。其习于杂染,安于污下,甚至造作大罪恶以祸人类者,真乃禽兽所未尝有也。佛氏于人生之来源不求正觉,而妄以迷闇势力相诬。此余所甚不取。然中外学者多有赞美人生,而掩其黑闇,将使人之狂愚者,安然为恶,绝无忌惮。人类其将绝乎?(人之敢为大恶者,必大愚之物也。愚故发狂,不愚必不狂也。此意须别为文。今不及详。现代人类皆有正觉,群起而为三反之猛斗。〈三反者,反资、反帝、反殖民。〉《易》曰:"正大而天地之情可见矣。"此其势不可御。孰有智者,肯背同志而奔投逆流乎?)语至此,已嫌蔓延。今当作结。

如上已说,独立体只是从表象作如是观。(如是者,指独立体。)若由无数独立体而透悟大生命,则知大生命遍在无数独立体中,而每一独立体皆由大生命主宰之也。(最后之字,指每一独立体。大生命在无数的独立体中,皆为其主宰。如在甲独立体中为其主宰,在乙独立体中亦为其主宰,乃至在无数的独立体中无不如是。前文已说,大生命是无定在而无不在。此理宜深参透彻。若肤泛看过,将以为玄谈而弃之矣。)有问:先生说天地万物共同禀受一元内含大生之力,以为其大生命。(其字,通指句首天地万物。)敢问,大生命既是一,如何动物有灵蠢,人有智愚种种不齐?答曰:一元,不是宗教家所说全知全能的上帝,不是超脱于天地万物而独立,创造一切,令其一致。(不是超脱四字,一气贯下为句。一切,指天地万物。)一元内含乾坤两性,(大生之力是为乾性。物质乃坤性。)

交相推动,遂成变化,而为万物。(此处万物,即包含天地与人在内。)万物既成,则万物以外无有乾坤,万物即是乾坤也;乾坤以外无有万物,乾坤即是万物也。又复当知,乾坤是一元内含之两性。故明了乾坤,即一元之内蕴无不明了。(蕴,犹含藏也,指一元之实有诸内者也。一元,所以称为实体者,以其不是空虚无物,而真真实实,有大生之力,有太素之质,故得为天地万物之实体也。)若离乾坤两性而别求一元,是犹离肉体和心理两方,而别求一身也。有是理乎?学者当知,一元是天地万物自身内在的根源,是无尽藏。(藏者,库藏,宝物储蓄之所。此为譬喻词。无尽者,言其永无穷乏,永无竭尽也。)宗教家之上帝,与哲学家言天地精神者,并宜破斥,(黑格尔言绝对精神,与庄子亦有相近。)不可承其迷谬。老氏说谷神,王弼注释颇详。盖老氏本为神仙之道,(道,犹术也。)而兼治侯王之术。(六国时,诸侯称王,故曰侯王。此皆习霸术者,乃五霸下流之愈趋愈下者也。欲取固与,以弱为用,不敢为天下先,此皆六国所以亡于秦也。老氏所治者此耳。)班固称老氏藏南面之术。吾谓班之识,非能不受老之欺者。老之谷神说,至今为学神仙者所宗。余于老不欲论。

收摄一元,以归诸天地万物各各的自身。宇宙人生,本来共有真真实实、健健进进、活活跃跃、丰富不竭、昭明无阊的大生命。佛氏乃逞其空想与幻想,必将一切作如幻观。(一切,指上说宇宙人生。)岂不迷乱太甚乎?吾说至此,则佛氏猜想色和心诸法集聚为一团,破析之便无所有,欲以是破独立体者,此甚迷谬。(迷者,迷乱。谬者,错误。)夫独立体所由成,乃一元内含乾坤两性,相反相成。而乾为主宰,坤实承化,是为乾坤合一。此义深远,佛氏莫悟。独立体既是一元内含之两性变化而成,不是各各独立的两件东西,如何可说集聚。既不可说集聚,又何可破析乎?且世俗见为独立体者,乃从表象上妄作分别耳。实则无数独立体元是一体,此义已说在前文,可不赘。总之,佛氏于生命绝无体认。(体者,体现。认者,认识。)古代印度人迷妄之情太重。(迷者,迷惑。妄者,虚妄。)建宗教之壁垒者,拥护天帝。开哲学之门户者,固执神我。(足目倡因明学,顺世创极微说,此在印度古哲中可谓特出,然终为其国人重迷信之风会所阻抑。)释迦氏与其后学小大诸宗之巨子,后先戮力宏扬出世法,以毁绝人生、消灭世界为主旨。其理论本难成立,徒以一般人闻神我轮回之教,易动其情。其文辞出于工巧心,颇富有诱惑性。(佛家经论文辞,都发工巧心以构造之。工巧心者,即运用技术的一种心也。作文辞时,必发动此种心,否则难工。孔子曰:"辞,达而已矣。"达者,畅发义理,俾读者易通晓耳。著书而起工巧心,恐非圣人洁净精微心地。圣人,指孔子。)佛教之盛行于中国,不独其文学有播扬之力,而轮回之迷情,动人甚易也。但中国之多数凡夫,其迷信轮回甚违反释迦本旨,而特别产生一种愚暗卑劣之重大流弊。释迦信有神我轮转苦海,无拔出之期,故教众生修清净行,断绝种种惑毒,(佛说,惑之种类极多,不可以数计。而贪瞋痴三惑,为一切惑之根本,号为三毒。惑即是毒。自害、害人,故云惑毒。惟修净行,可以断绝。断,读若旦,犹灭也。)拔去一切杂染。(染者,染污。杂者,繁杂。凡见闻所染不善之事,与自己有不善之念萌于意,不善之语出于口,不善之事见于躬行,皆杂染也。一般人毕生在杂染中,甚可悯。惟常修净行,渐拔去。)惑绝、染拔,方能灭除染性之神我,出离苦海,而别有净性之神我出生,投入于不生不灭法界,与之合一。后来大乘所称大我是也。(已说在前文。)佛教之所趣求者在此。不幸,中国多数凡夫迷信轮回,其愿望不在灭神我,熄轮回,而正欲修小善以求福报,感今生已矣,来世再受人身,得大福利。此辈痴痴,(痴而又痴,曰痴痴。)方欲于轮回中,为未来世自私自利之计。(为,读若卫。)丧生命,失人道,岂不悲哉?洪惟玄奘大师,临终口诵者,乃是一部《般若心经》。色心五蕴,一切皆空。又自叹曰,"此身秽恶,犹如死狗"云云。盖厌离世间,(世间分为二:曰有情世间,曰器世间。宜覆看前文。)不欲再受人身,沦溺于生死海也。奘师是真修出世法者。伟哉大师,学惟实践。奘师如学孔子,其必以裁成天地、辅相万物自负。任重道远,死而无已,狢缺休哉!(任重云云,《论语》载曾子之言也。所任者既重大,而欲达到其目的,则其所经历之道途必甚远。死而无已者,仁人进德修业,必先发广大心及长远心,不必求速效于生前。改造宇宙,扶导万物,此等大业岂可期成于旦夕。人之可死者,身也。其不可死者,精神、志气、智慧之存于内,议论之见于文字者,终当有影响在人间世。明季王船山、顾亭林、颜习斋诸老先生,何尝死乎?有问:习斋著述少,其学缺乏博与深二字。答之曰:颜先生有见其大处。存人、存性之论,宜留意。现代世界人类,习于凶残、狡变、诈伪、毒、蠹,将退而为动物,失其人之性矣。仁人进修德业,只问耕耘,不问收获。死字,更毋须入目。曾子本说死而后已,吾改后字为无字。孔子答子路问死,曰:"未知生,焉知死。"此六字,含无量义。非悟到大生命、通天地万物为一体者,莫能明了圣意。死者,小己之事也。执定有小己,即有死耳。)

世人疑宇宙肇开,唯是物质,生命未发现,后来生物出生才见生命。以此推知,生命当由物质转变得来。今之谈哲学者,鲜不持此论。余观察万物,(此中万物,包含天地与人在内。)未有无中生有者,未有偶然幻现者,更未闻有单立奇数,不立偶数,得以变演为最大多数者。余故决定万物皆有元。(元,犹根源也。)元者,非超脱万物而独立,确是万物内在的根源。是含有复杂性,(是字,指元。)决非单一性。单一性,即不能成变化故。据《大易》之义,一元内含乾坤两性。乾为生命和心灵。坤为质和能。万物莫不禀受乾道以为其性,(性者,生命之别称。)莫不禀受坤道以成其形。故万物皆为乾坤合一之独立体,故有天地万物等等个别相。(相者,相状。)此从表象上看也。然复须知,万物共同禀受大生命,即大生命遍在无数的独立体中,而皆为其主宰。(皆字,注意。每一个独立体,大生命皆在其中,而为其形体之主宰也。故云皆。)故就大生命而言,是乃通天地万物为一体。世俗所见无数的独立体,是见其表象,而未知大生命遍主乎无数独立体,故不了万物是浑然一体的真象也。(浑然者,不可剖分之貌。《大易》有乾坤互含之例。《易》六十四卦,乾坤居首。乾,六爻纯阳。坤,六爻纯阴。恐读者误会乾卦是独阳,坤卦是独阴。〈恐字,至此为句。〉王船山便有此疑,故其作《易内传》,主张六十四卦每卦都是十二爻。〈亦称十二位。〉然自古只见六爻,不见有十二爻,何耶? 船山乃说只见六爻者,此是显著的六爻也,尚有隐而未现之六爻,故不画出耳。如乾卦六爻皆阳,是其显著之阳也。其隐而未显者,有六阴在,不可说乾卦独阳无阴也。坤卦六阴显而六阳隐,不可说坤卦独阴无阳。船山盖体会独阳不能成变,独阴亦不能成化,故自创一说,于每一卦中都添上六爻,而不画出,说为隐而未现。〈现,读出现之现。他处未注者,准知。〉余按船山之意见,未尝不合于《易》之本旨。而每卦添六爻,又不能画出,此乃足一笑耳。孔子作《易》《春秋》二经,其弘纲要旨,〈要者,精要。〉皆著于《例》。《易例》亡,而古籍散见者可搜求。王弼妄作《易略例》,于《易》无所知。公羊寿胡毋师弟毁圣经,而造伪传作伪例,其罪大矣。圣人《易例》之仅存者,甚深、弘大,最可宝贵。大概六经皆有例,惜皆亡矣。船山未曾考见《易例》,故有每卦须添六爻之臆说。倘见圣人之例,当知每卦六爻,义旨周圆,〈周者,周遍,无不备之义。圆者,圆满,无缺漏之旨。〉不可妄添也。其《例》曰:“坤含载乾,是坤含乾也。乾斡运乎坤中,(运者,运行。斡者,主领之谓。乾运行于坤中,而主领之也。)是乾含坤也。”此例在《乾》《坤》二卦本有明文。乾卦中多有坤之象,明明是乾含坤,非可说乾卦唯是独阳也。坤卦中亦多有乾之象,明明是坤含乾,非可说坤卦唯是独阴也。船山治《易》,而承王弼、程伊川之谬妄,绝不注意于《易》之古象,是以不能明了《易》义,竟有疑经而逞臆说之过。乾坤本是一元内涵之两性,不可割裂为两物。今之学者皆曰,坤道太素之质,太始已凝成无数物质宇宙。而乾道大生之力,(后简称生命。)其出现时期,最后又最后,可见生命是由物质转变得来,非太始本有之也。此与余前文,世人见植物之果子最后出现,遂妄计果子由花转变,与旧种无关。(世俗以为,种子生新芽时,种子便坏灭。故惟芽从种而生,自芽以后,只是逐层转变,与旧种无关也。实则种子生芽即灭之说,甚错误。兹不及论。)殊不知,果子虽最后出现,而其形与性乃与过去的果子全相似。(过去的果子,其内部含藏发生下一代植物的种性,是名种子。前文称旧种者是也。)而谓今之果子不由旧种而生,此等妄说,明明违反事实。今人主张生命出现后于物质,即应认定生命是由物质转变得来。此与俗说果子不从旧种生者,同一错误。应知,凡物本无,不可说为有。凡物隐而未见,(见,读出现之现。)只可说为潜藏,不可谓之无。《易》之乾卦初爻,已揭此例。生命太始未出现,是潜藏于物质中,非本无也。无数物质宇宙凝成,生物犹不易出生,则以太空无数诸天体,其能备足生物需要之条件者,当然甚少。然吾侪生长之地球,幸备有生物需要之诸条件,而生物已出生,而生命和心灵已发扬光大,毕竟不潜藏也。生命只须遇有发育的条件,便如旭日在海隅峻岭之下,突跃而升于太空耳。(五十年前,吾养疴杭州,盛暑时登南高峰。五更,望见旭日从海隅峻岭之下飞跃而上升于天,真奇景也。余平生不能诗。友人马湛翁、林宰平俱能诗,而未同游,莫有咏此奇景者。)设若生命非太始本有,则今之有生命和心灵,便是无中生有。(时或单举生命,而心灵亦包含在内。)广宇悠宙之间,无此事情,无此道理。至于唯物之论,直将生命、心灵看作物质的转变,(吾衰矣,不能看新书。八年以前,有青年言,物质是第一性,心灵当属第二性。余曰:第二性从何而有?当然是从物质转变得来。否则物质太初凝成时,本未有第二性,后来如何得有。此理讲不通。且物质建为一元,不当有第二性。)有说,物质改造为生机体,才有生物出现,即有生命和心灵逐渐发展。余曰:汝言物质改造为生机体,谁改造之乎?上帝?汝所不信,余亦弗信也。若谓物质自己改造为生机体,余今问汝:言改造者必有两方面,一方是所改造的,即物质世界;二方是能改造的,即生命的刚健性与创造力和心灵的思惟作用。汝可不承认乎?《易例》有曰"乾知未来,(知,犹主也。此知字,非知识之知。古称县令曰知县事,以其主一县之政事也。下知字仿此。)坤知藏往"云云。坤为物质,(物质,简称物。)其性柔、阖。阖,无知也。柔者,刚健之反。《易纬》言坤,势不自举。不自举者,即不能自有创造也。藏往者,往谓已往。藏者,保留之谓。物质之性,常保留己往,无有向上前进之动机。故说坤道以藏往为主。试就自然界征之。《易大传》曰"坤化成物"云云。按物质之未凝成为实物也,元是轻微流动之体,而其凝成无数的实物,要非坤道太素之所能自举。(素,犹质也。太素,乃物质之别称。太者,盛赞其能凝成无量物质世界也。)化者,对变而言。乾主动以导坤,曰变。坤顺承乾以成物,曰化。此处言坤化,即伏有乾变之义。(伏者,不用明文,而隐伏其义也。)问:云何知其伏有乾变义?答:略说二义。一、乾、坤两卦象辞,明示乾道统治坤,坤道顺承乾,此为天则之不可易者也。(天者,自然义。则者,法则或规律。自然的规则,曰天则。生命和心灵,运行乎物质中而主宰之。此乃天则,未有使其如是者。穷理到至极处,不可问其所由然。〈然者,如此义。不可问其所以如此之故也。〉)学者如明了乾统坤、坤承乾之天则,当知此处说坤化成物,定伏有乾变导坤之义。二、《易》之为书,是乃世界学术史上发明辩证法之最古者。导源于鸿古之伏羲。因其术而扩充之,以创发内圣外王一贯之学者,大哉孔子。由其出生之世至于今,已二千五六百年矣。《易经》正名定辞,悉依据辩证法。如《乾卦》象辞有曰,"乾道变化"云云。此处首标乾道,并无坤道之明文。然下文变化双举,则明示坤道承乾而化也。若无坤化,乾又何能独变乎?《大传》言坤化,即伏有乾变,与上举乾象之句,同其义旨。总之,独乾不能变,独坤不能化。乾坤两性,交相推动,遂成变化,既成万物。事理昭然著明,不容疑也。有问:先生说生物未出生时,生命隐而未见。(见,读出现之现。)敢问,生命隐在何处?答:余在前文,已举《易》例"坤含载乾,乾斡运乎坤",吾子乃不忆耶?未有生物时,生命潜伏于物质中而主领之。譬如水之伏流，由地中行耳。但物质世界未经改造为生机体，则生命受其锢闭，不得显发其德耳。《乾卦》初爻之象曰"潜龙勿用"，此之谓也。

如前已说，坤性柔阘，势不自举，即无有创造力，有动而退之隋性。（易纬云，"阴，动而退"。阴者，坤之性，言阴犹言坤也。）退者，不能向上、前进，而常向后，有保留其已往之必然性。（保留其已往，是谓藏往。）余欲就自然界举其征，却须先就乾坤二卦，研究阴阳两性之发展不同处，而后征明坤之藏往。孔子于乾卦取龙之象者，乾称大生，是乾为生命。乾亦称大明，是乾为心灵。生命与心灵，不可分作两物。生命是主力，心灵依生命之焰明性而始起。生命和心灵无形无质，而为灵活至极的一种势用。（灵者，言其绝不同于物质之阘性也。物质之暗性，譬如目盲无有明也。活者，譬如竹笋破土乍出，迅速长大，活泼泼地。长，读若掌。）既是无形无质的势用，则必待物质宇宙凝成，为其依托之所与斡运之具。（其字，指生命和心灵。以下简称生命。运者，运行。斡者，主领之谓。屡说在前。具者，工具。就依托而言，则无数的物质宇宙，都是生命之所依托。就斡运而言，则生命必待物质世界备足了发育生物的诸条件。而后生命乃得改造物质为生机体，为其斡运的工具。若无工具，生命便无出现的可能。）故生命之出现，必须经过险阻艰难。（生命在闭塞甚固的物质中潜伏，不得破除锢蔽而出，是为险阻。坎卦即明示此义。坎，陷也。生命在陷中也。）然生命力至刚健，终乃破险难而出。既出，即变易重浊、粗陋的物质世界，而成为生机洋溢、光明灿烂、（光明，谓心灵也。）活活跃跃、巍然有生命的宇宙。乾卦取象于龙之故，盖以上古民俗相传龙有健德，能潜能飞。故取以为生命始于潜藏，终于盛显之象。（象，犹譬喻也。详在《乾坤衍》。）甚盛哉，生命出现，宇宙顿新。（此处宇宙一词，乃总举无数物质宇宙，或太空无量诸天体，互相联系的完整体而言。）此可妄说物质自己改造为生机体，才有生命显发哉。（此可二字，一气贯下为句。）应知,《大易》有坤知藏往之明文。(知,犹主也。注见前。)藏往者,保留其已往之谓。(藏者,保留义。往者,已往。注见前。)向后,而不能向上、前进。余在上文曾提及。今就自然界寻其藏往之征,有可得而言者。如太始,物质初凝,只是气体,所谓鸿濛一气是也。及其发展,而凝为液体,当然是乾道主变,有以导之。(之字,指坤道或物质。)液体成,则气体已往。而坤道(即物质。)必保留其已往的气体之类型。何以知之?(设问也。下答。)前之气体已灭于前时,故云已往。而后起之气体犹似前物者,(前物,谓前之气体。)则以前后之类型相同故尔。推原坤道承乾而化,必不能保留太始气体之旧体,以延至于后。易言之,乾以至健之力导坤,将使任何物均不能保留其旧体。如吾今朝之我,确是新生,本非昨我延至于今也。今我、昨我,其体不知改换多少,而余自信昨我、今我犹是一我者,只是类型同耳。(此中体字,不是单指身体。凡我所有之一切,皆此体字之所包。体者,谓其物所有之实也,唯除类型。问:人皆有生命,此亦有改换乎? 答曰:生命的自身,是每一瞬间舍其旧而创新。此义深远,兹不及详。)气体之类型永远保留。犹昨我、今我之若一也。液体既成,亦必瞬瞬改换其旧体。(一瞬又一瞬,相续不绝故,曰瞬瞬。不论任何物,其所有之一切,皆说为体。)但液体之类型永远保留。晨兴,饮开水一杯,以为犹是大江数千里流来之水,不知江水瞬瞬舍旧生新也。此无他故,水之类型永保留耳。液体如是,固体亦然。由三体之类型永留,推之其他,百物,(百字,极言其多耳,犹云一切。)莫不瞬瞬必改其体,而其类型恒不变易。由此可见坤道主藏往,不是于自然界无可取证。圣人作《易例》,(圣人,指孔子。)以保留已往为坤之事,常趋未来为乾之事。其于乾坤两性观察入微,分别精确。余常深玩。物质之性,常向后而留其已往。故万物各各之自体,虽皆变动不居,(居,犹停住也。不居者,谓万物之自体,都是瞬瞬舍其旧而生新,无有一瞬之顷可容停住。)此乃至健至刚之大生力,主变以开物之所致也。(物质简称物,即坤也。开者,开发物质,使其变动也。)而物质毕竟有藏往之必然性。故凡物之类型,终保留之而不失也。

乾知未来,何耶?(知,犹主也。注见上。)乾有刚健、生生、焀明、升进等性。(升进,是二义。升者,向上义。进者,前进,决不退而转向于后也。)云何知未来?(问也。下答。)乾道主创造。易言之,生命力至大、至健,故创造性强。(乾者,本生命力之别称。以其力之至大至健,故称乾也。)创造性强,故圣人说乾主变。变者,所以为创也。(创造,简称创。)不变,即是具有固定性的死物,便无创造可言。夫变者,不系于已往,而常趋未来者也。常趋未来者,常创造未来者也。生命力之创造,最主要者莫大乎自己创造自己。(上下两自己,皆设为生命之自谓。)应知,生命之所以得成为生命者,正以其创造不已耳。(不已二字,吃紧。)生命如有一刹那顷停止其创造,则生命将绝矣。夫生命者,一元内含至健至刚之大生力,而天地万物共同禀受之以为其大生命,是乃永恒不绝者也。(此处只说天地万物共禀受一元内含之大生力,而不说及坤道或物质,又不说共同禀受一元,则以行文不可繁芜太过,不得不省其辞也。他处准知。)一人之形骸有生死,而其大生命无定在而无不在,岂随一人之丧其形骸而与之俱死乎? 一物之形骸有成毁,而其大生命不随一物之形骸毁而与之俱毁。此理甚易知。有难:(难者,诘难。)先生说,生命如停止创造,即将绝。请问,生命究有倦于创造之时否? 答:吾人将生命从天地万物各各之自身中推出去说。生命之性,本来至健至刚,勇于创造,不系于已往,不住于现在,(住,犹停也。)远瞩未来之未来,永远不断的自己舍去旧的自己,自己创造新的自己。一方除旧,一方生新。此乃以自力主变,常创造未来之未来,新新而不守其故,生生而无待于外。(其创造自己,皆由自力主变,非有上帝主宰之也。故云无待于外。)最奇者,生命力之变化迅速至极。大概于一刹那顷,旧的自己不留,新的自己顿生。新旧改换,同在一刹那顷,并非于舍旧生新之间有连接不及之患。假使舍旧在前一时,新生在后一时,中间有空隙,连接不上,则生命早已中断。而旧的自己既灭绝,新的自己亦无从生也。惟生命力动而健。其运行神速,(神者,不可测之谓。物理的能力虽猛速,而非不可计算其速度。生命力之健与速,则不可测也。世人以生命与心灵为物质之副产物者,吾未知其可。)化长劫为短劫,(劫,犹时也。行动迟滞觉时长,速疾觉时短。化长为短者,动力大而迅速故也。)收舍旧生新、复杂变化之奇功于一刹。(刹那,简称刹。)伟哉生命力,不可以物理推观也。(生命与物质,根本异性。)

如上所说,只将生命从天地万物各各的自身中推出去说。生命力动而健,强于变,勇于创造未来。圣人仰观而察天行之健,(见《易·乾卦》。)近取诸身,而领会自强不息之乐。(亦见《乾卦》。)生命何至倦于创造？吾子之问及此也,其犹未有成性之功乎?(成性,见《易大传》。性者,性命之简称。性命,犹生命也。功,犹力也,谓修养的功力。)万物同禀有大生命,(此云万物,亦摄天地在内。后仿此。禀有者,万物共禀受大生命而得生成。即此大生命,是万物各各自有的大生命。譬如众沤,共禀受大海水而得生起。即此大海水,是众沤各各自有的大海水。)而此大生命,遍在万物各各的自体中,万物固可以己力发展其禀有的大生命之德性,(如人,从万物中进化到最高级,便能含养与扩大其生命之德性。)亦可以障碍生命力之发展。(如太空无数诸天体大物,纯是粗重的物质宇宙。虽此类物质未尝不含载有生命力,而其发育生物之条件,究不易备足。余已说在前文。即在地球上之人类,仍有智愚、贤不肖、强弱种种不齐。能发展其禀有大生命之刚健、生生、昭明、升进等等美善与崇高之德性,如大圣哲者,古今无几人。此其故安在乎?〔问也。下答。〕生物由最低级进至最高级,虽灵蠢万殊,而生物皆摄物质为其形体。〔摄者,收敛之谓。生物禀有生命力,必收敛物质,凝成独立的形体。如草木之形,乃至人之身躯,皆形体也。无数的生物,其个别之形,似乎像沙子之分散,实则不然。一切生物之形体,都与无数物质宇宙互相联系,为大完整体,决不是同于一盘散沙。)形体既由物质凝成,而物质有阖性及固结、闭塞、退坠等性。此皆对于生命力之发展颇有障碍。但生物禀有生命力,改造物质为生机体。则生命力之受障碍与否,将视形体之组织精利与否,而后可论。生机体与形体有分。从其由物质凝成为独立之形而说,则称为形体。从其有大生命力斡运乎形体中,便有生活机能发现,则别说生机体。)生物之形体,譬如一架完整的机械。此机械之组成,要精,(精之义有二:一、精密。密者,极复杂之谓。二、精巧。巧者,构造之奇妙。)要利。(如人之大脑内部结构甚好,则思唯作用凭借之,易于发展。是为利。)形体之组织既精且利,则生命力不受障碍,而得以显发其美善与崇高之德性。形体之组织粗笨者,(粗者,精之反也。笨者,利之反也。)则生命力不可得优良之凭借,必遭障碍无疑。植物之生命力初见,(见字,读若发现之现。)而犹不甚显。低级动物较植物稍进,高级动物,其生命之焆明性稍发露而有知觉。有知觉故,遂有寻求资粮、保护躯体等动作,习之久而成本能,如是而已。动植物之生命力,犹为其粗笨之形体所障碍。生物之能自启发其禀有之大生命力,以改造形体至于精利,俾生命和心灵得以盛显其美善、崇高之德性者,其惟人类乎?惟人能认识大生命,于天地万物一体处立定脚根,努力创造未来之未来,是乃宇宙永恒之鸿休。(休者,休美。)人生无尽之至乐。佛氏求归寂灭,老聃求返虚无,事不可能,理乖大正。(就真理而言,二氏之说皆乖违大正之道也。)

余前言,生命有刚健、生生、焆明、升进等等美善、崇高之德性。(德者,得也,言生命之所以得成为生命也。性者,性质,简称性。生命有此等性,是其所以得成为生命,故性即是德。)而又言,必将生命从天地万物各各的自身中推出去而说。此有何故哉?余之明了生命有上述诸德性,一方面,搜考《易》说,如《易·乾卦》及《大传》诸文,发明乾之德性者,而依文以究其义。另一方面,余虽究其义,而义非自得,难以自信,故常仰观俯察,远取诸物,近取诸身,而实悟斯义之有征,不由臆想妄立。会通生命之诸德性,而推原乾道大生之力与坤道太素,同为一元内含之两方面。《大易》阐明乾道主变而统坤道者,正以乾之德性特殊故也。余在前文曾说,将生命从天地万物各各的自身中推出去而说。余于此处,特说乾道,故未涉及坤。实则物质(即坤道。)亦当从天地万物各各的自身中推出去说。余之意,一元内含两方相反的复杂性,交相推动。惟乾主变,坤承而化。(承者,坤顺承乾也。)乾坤合一,遂成万物。故观乾坤于天地万物各各的自身中,只见一切物莫非乾坤合一之体,(一切物,乃天地万物之简称。)是只见其相成,而不悟其由相反而相成也。今提出乾坤于一切物之外,即还原到一元之怀抱中,(怀抱中者,谓一元之内部含藏乾坤两方之性也。)阴阳两方之复杂性,(坤之性不是单一的,而通称为阴。乾之性不是单一的,而通称为阳。)相反相成。实由乾主变以导坤,坤承乾而化。由此,万物乃禀受乾坤之和而成。(和,即乾坤合一。)乾坤既成万物,则万物以外无有独立之乾坤。万物成于乾坤之和,即乾坤以外无有凭空幻现之万物。应知,乾坤与万物,不可离而为二。乾坤,即万物也。万物,即乾坤也。问:先生之论,万物成于乾坤之和。则所谓一元者,将与万物不相关乎?答:来问,不通《易》,(吾书中凡言《易》者,皆指孔子之《易》。他处未注者,准知。)亦不了吾意。一元是万物各各自身之内在根源。余言之屡矣。乾坤者,一元内含两方面之复杂性。这一句话,汝若真正了解,岂可将乾坤与一元剖散割开否乎?犹复应知,说明乾坤之德性,正是说明一元。如果把一元内含乾坤两方面之复杂性悉除掉了,(此处虽只言性,而德实在焉。德不在性之外也。说见上注。)则一元只是一个空名词而已,更有甚么可说?《大易》乾坤二卦,于乾而明示有元,于坤亦明示有元。实则乾之元即是坤之元,坤之元即是乾之元。《易例》有乾坤互含之义,说在前。阐明乾坤两方互相含,不可剖散割开,以其同一元,本一体,非两元也。二元便是各各独立,彼此不相容,可曰互含乎?《大易》只于乾坤二卦提出一元,以后便不于一元之上别说什么。《易》书全部六十四卦、三百八十四爻,纯是阐明乾坤之德性及其变化之复杂、奇妙,皆有则而不可乱。(则者,法则,犹云轨范。)易言之,万物万事之变动不居,有源故无尽,(决定无有灭尽之末日也。)有则故杂而成章也。(章者,有众多的条理,有弘大的体系。此宇宙之美也。)乾坤阐明详尽,即一元面目全露出。倘有人焉,欲于乾坤以外更寻找源头,(源头者,万物有一元,譬如江海之水有源头也。)此乃作雾自迷,非狂迷即天爱耳。(宗教徒之神境,多半是变态心理,乃迷信太甚而发狂者也。天爱,曾见前。)

万物成为无数独立体,何耶?(问也。下答。)《易大传》曰"坤化成物"云云。此言乾主变,坤承乾而化,凝成无数的万物也。(程伊川《易传》改"化"字为"作"。古本为"化"。不知伊川据何本而轻改。伊川不知《大易》有乾主变、坤承化之例,改"化"为"作",便违背孔子之根本大义,非小失也。)按坤为物质,(坤取象于地,地有实质故。)本是轻微流动之体,充塞乎大宇。(体,指坤之自身。此处体字犹身也。塞,犹满也。)惟坤有实质之性与可固结等性,故承乾之变而化,遂凝成无数的实物。此等实物,各为一独立体。最大者如诸天体,至细者如微尘,重者如钢铁,轻者如气粒子或秋毫之类,莫非独立体也。夫其所以凝成众多的独立体者,此无他故,大概轻微流动之质,如不起收敛、固结等作用,只是散漫,周行乎六虚耳。(行者,流行。虚者,虚空。上下四方为六,即假分虚空为六段,曰六虚。虚空本无所有,不可分段。人的意想,假分之耳。)及其凝结为实物,便不复如未凝结时之散漫,自然要起分化,而别别成为很多的个别物,所谓无数的独立体是也。(别别者,别而又别也。很多,是不可以数计之多。)犹复应知,轻微流动之质虽凝成了无数的独立体,而此质不必是完全凝成独立体。其散漫而未凝者当然周行六虚。余推想天地万物,有成即有毁。诸天体是至大之物,终不能避免毁坏。盖此质所凝成之无数独立体,决定有成即有坏。而此质之自体,决不至于随从其所凝成之实物而与之俱坏。易言之,实物毁已,(已,犹了也。)而其元来所禀受之质,

171

当然游散于六虚。余确信乾道大生之力与坤道太素(所谓物质。)都是无始无终。人之有死者,其形也。灵魂或神我,本来无有。人之不死者,乃其与天地万物共有之大生命,所谓乾道大生之力是也。

余前言,生命力之自创自造,其力至强而更奇速,常于每一刹那顷舍其旧的自己而创造新的自己。(句首"常"字及每一刹那之"每一"二字,均须注意。)吾时与人言及此,而闻者颇以为怪论。余答之曰,无足怪。庄子有"变化密移"一语,实从《大易》玩索得来。《易大传》阐变化之神妙,(神者,不测之谓。变化之力,至大至强,不可测定其速度也。)曰"不疾而速","不行而至"云云。汉宋群儒,于此处都不注释。余幼学之年,读《易》数遍,至此常苦闷。后玩《庄子》与佛书而有悟。《庄子·大宗师》篇"藏舟于壑"、"藏山于泽"一段文字,郭象之疏释,义甚明而辞极妙。佛氏经论中多说刹那灭义,谓凡物常于每一刹那顷顿生顿灭也。佛氏观一切物皆空,故说凡物都没有一刹那存在。如青草,初一刹那才生起,即时消灭。第二刹那紧紧接着前刹,继续新生。而新生者又即于此刹那熄灭。向后无数的刹那均如此。故青草总是每一刹那顷顿生顿灭,始终没有存在,是谓刹那灭。佛氏此说是观空与观灭,与孔子《大易》之义极端违反。余只有取于佛氏,将时间分析到极短极速的刹那。而此短速的刹那,恒相续流,并无碍于时间之绵延与无尽。余常体会生命力自创自造之伟大变动。(自创自造者,谓其常以自力创造新的自己也。)少时阅览周濂溪语录,称其窗前绿草不肯除。人问其故,先生曰:"看看大造生意。"(先生,记者称濂溪也。)余于濂溪答辞甚有感发,惟觉其修词似欠妥。造化,本有宗教意义,以为凡物之有生,天赋之也。(天者,谓上帝。)此类名词可不用。生意,不妨易为生机。但名句间小疵,无碍于先生之高明。(先生,指濂溪。)余谓草木皆有生生之真机,是其内在的生命力充实不可以已。(已,犹止也。)绿色油然,可见其内在的生命力常自创自造,新新续生,其色绿绿。(草于每一刹那顷舍其故状,即复生新。绿绿者,绿而又绿也。

舍旧生新，同在一刹那顷。刹那刹那，草皆创新，莫守其故。刹那连言之者，时间无有中断，〈断者，断绝。读若旦。〉亦无终尽。故凡后刹那必紧接前刹那，恒相续流。）草木如是，何况于人？人皆禀有生命而得生成，其形体之组织既精且利，又足以发扬其内的生命力。吾人如返己体会生命之刚健性，决定不肯有一瞬安于懈息，陷于昏沉，甘于堕落。（决定二字，一气贯下为句。旧说以一瞬为时之极短速，盖相当于一刹那。）先圣深察生命力，盖于每一刹那顷必有舍旧生新之伟大变动。诚以生命力健而又健，强于自创自造。（自己常以自力创造新的自己，无有一刹那顷而不如此者，是其健健至极也。）伟大变动不足奇，所奇者在一刹那顷耳。伟大变动在一刹那顷犹不足奇，更奇者刹那复刹那，生命力舍旧创新之伟大变动，未尝或弱于前。刹那刹那，不断而常流。生命力之伟大变动，常于每一刹那顷不断而顿起。余由是而了解《大易》"不疾而速"、"不行而至"之论。夫生命力创造新的自己，是诚伟大变动，顾常顿起于每一刹那顷。（此后，刹那或简称刹。）如此，则过去之己，已灭于前刹。而旧己才灭之顷，乃有新己顿生，何若是其速乎？谁为之猛疾而求速乎？（为，读若卫。此乃故作疑词耳，实未有猛疾求速者也。）夫惟刹那极短速，而生命力则恒于每一刹顷，顿起伟大变动。后刹紧接前刹，显然有飞跃之象，故曰"不疾而速"也。"不行而至"者，旧己灭于前刹，本未行至于后。但新己顿生于旧己方灭之顷，恰与旧己相似相续。（相似者，新己与旧己甚相似。譬如吾人今日之我与昨我相似，不觉有昨与今之异也。相续者，旧己已舍去，〈因其已灭故，说为舍去。〉新己顿生，恰恰紧接旧己方灭之顷，而为继续。）是故生命力常于每一刹顷，舍去旧的自己，而创生新的自己。此等非常的变动，竟于每一刹而顿起。但因后之新己，总与前之旧己相似相续，当然不觉有新旧之异，好像旧己未灭，得以行至于后。世俗观察事物，皆认为凡物都是由前行至于后。此不深察其真象耳。（行者，流行。如树木有历数百年者，是其生机流行，得以由前至后也。其实，生机之发现于外者,乃是粗迹。而树木有内在的生命力,确是于每一刹那顷舍旧生新,吾人不能以目测之耳。)《易大传》说"不行而至"者,圣人盖就刹那义而谈。何以知之?(设问也。下答。)如上所说,旧已在前刹已灭,本未至后。新已顿生,紧接旧已才灭之顷。而新已之于旧已,相似相续,俨然新旧若一。不觉其有异,只好说前之旧已不曾行动而至于后。此乃圣人之深意也。司马谈称"六艺经传千万数"云云,关于《大易》之著作必极多,惜乎汉世小儒尽毁弃之。说刹那义者,只见《易大传》存此二语,更无可考矣。庄子"变化密移"之言,正是说明每一刹顷有大变化顿起,驱使万物舍旧生新。刹那复刹那,大变化力密密推移,"揭天地以趋新,负山岳以舍故"。(上二语,用子玄注。)而人莫之觉也。庄子深通刹那义,其解悟之启发,实得力于《易》。

余于此处说刹那义,不是就生命力之起大变动,驱使万物舍旧趋新的观点而说,乃克就生命之自创自造这一观点而谈。生命力不可当作有常性之大神来猜想。常者,恒常,即不可变易之谓。常性即是固定性。生命是活活跃跃的力量,无有固定性。生命之伟大变动,首在创造自己。因其非固定性故,常以自力创造新的自己。生命力刚健至极,常于至短速的一刹那顷顿起舍旧生新的伟大变动。(舍旧者,舍去旧的自己。生新者,创造新的自己。而舍旧创新同在一刹顷,其速如是。)生命力每一刹顷,顿起非常之大变。(变动,简称变。)其迅速不可测。(不可测其速度。)刹刹顿变,譬如闪电,一闪又一闪。(两言一者,明其多数,非限于两也。)前闪乍逝,犹如往雁无遗影。(飞雁已过去曰往。旧影不留故曰无遗。)后闪顿起,俨若来燕有佳音。(来燕佳音,为创新之譬。)总之,生命力刹刹顿变之奇迅奇速。唯闪电之捷急,堪以比喻。

复有言者,生命力之自创自,(自己创造自己,简称自创自。)必舍去旧的自己,方有新的自己顿生。所以者何?(设问也。下答。)若旧已不灭,(舍去者,谓其灭也。旧已和新已,皆假设为生命之自称。)即生命有常性,(常性,即是固定性。已说在前。)无有变动,无有创生新己之可能。所以,生命之自创自,必其旧己方灭,(方灭者,翻白话即刚才要灭之顷。)新己才好紧紧接上而顿生。(新之于旧,若不紧接,生命便中断,决无此理。〈断,犹斩绝也。读若旦。〉譬如人身,自出胎至少壮老衰,当然瞬瞬在变化与改换之中。其舍旧生新之际,自是新生和旧灭同在一瞬间,紧相接。一瞬,犹一刹那也。)总之,灭旧所以生新。旧不灭,即无新生可言。故灭者,生之造端也。圣人作《易》,言生生而不言灭者,灭与生相反相成。成之为言,只是成其大生、广生,岂可以灭为成乎?佛氏只谈刹那灭,横计有生终归于灭。(计,犹猜想也。横者,颠倒而失其正也。)殊不知,灭者生之造端,灭以成其新生。故《易》之《观卦》,发观生之冲旨,(冲,犹深也。)足以大正偏于观灭者之迷乱。后有智者,毋惑于佛说,应当明辨。生命力常于一刹顷灭旧生新,前文说讫。余更赘言,生命力之舍其旧己,非以旧己有垢染而必灭之也。(垢,犹秽也。染者,杂染。)生命本来清净、纯善,无染无垢。其刹刹灭旧、生新,是乃法尔道理,非由有作意故,才如此。(其,指生命。法尔道理,借用佛经语。法尔,犹云自然。翻以白话,即自然的道理。穷理到极处,无可更问其所由然。)要之,生命是变动不居,(居,犹俗云停住。)有居即成僵固之物,不是生命。生命发展无有已止,其力健而又健,恒于每一刹那顷,顿起灭故生新之伟大变动。(灭故,犹云舍旧。故,犹旧也。)余相信,生命力是刹刹顿变。(每一刹之大变动,颇像大海高潮突然跃起,故云刹刹顿变。)郭象释《庄》,赞变化之力,"揭天地以趋新,负山岳以舍故"。其说似与余之所见有可相通者。然彼于根本处错误,(彼,指庄子和郭象。)与吾道绝不相容。(吾所明见、笃信、持守之道,曰吾道。)郭象所谓变化之力,盖出于庄子所皈仰之造物者,或天地精神。余所谓生命力,乃天地万物各各的自身所共同禀有一元内含之大生力,是称大生命者也。(禀有二字,吃紧。天地万物共同禀受一元而得生成。即此一元,是天地万物各各自身之所自有,故云禀有。)

此义见前文。)夫一元内部含藏两方面的复杂性。一方为具有阳明、刚健
等性的大生力。一方为具有阴阇、闭塞等性的实质。一切物,各各禀有
一元的大生力为其生命,亦复各各禀有一元的实质为其形体。故一切物
均禀有一元之大全,即每一物都是乾坤统一之体。(此云一切物,即包括
天地万物而言也。)一切物不是无有根源而可凭空幻现,(不是二字,一气
贯下。)故应建立一元。但此一元是一切物所共同禀有,即是一切物各各
自身内在的根源。变化之力,不在一切物各各自身以外。(吃紧。)庄子信
有造物者,不亦芒乎?(芒,犹惑也。)天、地、山岳,皆实质凝成之物也,而
潜藏与默运乎天地山岳之中,且为其主领者,则生命力也。(其字,指天地
山岳。)易言之,生命是天地山岳自有的生命。负山岳舍故者,山岳自身
之生命力,恒于每一刹顷舍旧生新。山岳未有一瞬得守其故也,非别有
造物者负山岳而密移也。揭天地趋新者,天地自身之生命力,恒于每一
刹顷舍旧生新。天地未有一瞬得留其旧也,非别有造物者揭之而急趋
也。庄子之学于根本处颇杂神道,是其缺也。

　　以上皆附识之文。自秋迄冬,写得过长,不成文体。吾
书每于正文有不及尽言之处,辄加注于正文下,而用括弧以
别之。偶有注语嫌长,则于正文之外别为附识,列在另行。
附识本不欲过长,但起草以后,随意所往,不觉蔓延。佛教
自释迦氏开演十二缘生之义,称为《大空法经》。后来小大
诸宗风起云扬,毕竟以空教一派,为出世法之正传。空教之
名,释在前文。然释迦氏实于生命无认识。十二缘,以迷阇势
力当作生命,是其根本错误。而小大诸宗一致谨守,流传华
夏,夏人受其迷者众多。吾欲发明孔子《大易》之乾道,乾为
生命。开其锢蔽。以是游意于乾坤之渊海,返复言之,而若
不容已也。将明乾道,必不可忽视坤道而不究。乾坤同是一元含蕴两

176

方面的复杂性,说在前。相反相成,不可破作两体也。渊海者,乾坤之义,深远至极,广大至极。故取譬于海,曰渊海。

　

秋尽冬来,余不堪提笔。近五年中,公元一九五九年至一九六三年。常为险病所厄,精气亏竭。解悟视从前不必弱,而记忆力大减,写文辞极窘。余年七十,始来海上,孑然一老,小楼面壁,忽逾十祀,十祀者,十年也。殷朝谓年曰祀。如元年,即曰元祀。绝无问字之青年,亦鲜有客至。衰年之苦,莫大于孤。五年以前,余犹积义以自富,积健以自强,时时以健自勖,曰积健。不必有孤感也。大病以来,年日衰,病日杂。余兴趣悉尽矣。文辞发于兴趣,兴尽而文机不至,趣尽而辞旨难达。余之窘也,不亦宜乎。余最苦者,记忆力渐消灭。今年春夏写此稿,甚苦气候反常,精力亏竭,或半月不可写出百余字。时有要义,未能连日写完。历时久而续写,则已失其往日胸怀欲发而未得发之种种条理。作意追寻,不独脑困,而更伤神。此等苦痛,益增暮境之衰。此稿常有发义于前,而后无引伸,甚至全无照顾者。五年前,出《乾坤衍》一书,已有此憾。余少时参加革命。辛亥武昌光复后,感伤多,自度志大才短,性情乖僻,不当妄趋事功之途,遂决志于中国哲学。向学既晚,用力不得不猛。平生自少至老,带病延年,不欲劳神于述作,晚而颇有随意挥毫。挥用毛笔写字,曰挥毫。随意者,未尝有心经营巨大典册,惟文辞足以发明理道之要略,斯可已矣。(此处理道,作复词看。道,亦理也。要者,弘纲巨领,〈如最高的根本的理或至普遍的理。〉及条理之大者,〈宇宙是有多方面的。每一方面各有其普遍的理。〉皆谓之要。略者,得要,即不须繁琐。凡著书者,阐明理道,必举其要。)发困学之创获,扶先圣之坠绪。尽吾愿力之所得自尽耳。毕生病厄，甚怕劳神。多样性的神经衰弱病，变态极杂。每一稿成之后，必通览一遍。若大体无过，其枝条之间有未审者，亦不复删改一字。日月有蚀，何碍贞明？贞，犹正也。大明者，日月正常之性，暂蚀何足计。冬寒，本篇文义缺漏处不及补，只合结束。颇有数事，略说于左。

一事，本篇凡叙述佛说处，必详其本义，而后下笔，决不以余之意见变乱出世法之真象。自释迦至于小大诸宗之学说，皆以佛说二字总括之。佛之名，可为释迦氏之号，亦为其教之通称，故不妨泛用之。但附识中说戒定慧三学，余认为佛氏以三学兼修，俾实践与慧解合一，极其切要。世之治哲学者，尊知识而忽视修持。此学风之敝也。余深契佛氏倡导三学之密意。密者，深密。但佛氏三学之理论，完全以出世法之厌离思想为根柢。厌离者，厌谓厌患，离谓出离。盖厌五蕴而求出离也。释迦氏对于五蕴而起求厌离。《杂阿含经》返复言之。后来小大诸宗莫不以厌离的思想为其一切理论之根本。（释迦殁后，弟子集其生前之说，为《四阿含》。而《杂阿含经》最为重要。佛教各宗之学理，皆根据此经。佛家经典浩博，皆其后学为之，而诡称释迦口说。惟《四阿含》，是其弟子所集录，可信可据。五蕴，释在本篇谈十二缘中，宜覆看。太空无数的物质宇宙，如诸天体，即是五蕴中色蕴。而一切众生或人类，则皆依托于五蕴而假名之曰人或众生也。五蕴，只是色法和心法两类。众生与人之形体，皆色法也。（中译佛书以物质译为色法。）其余四蕴皆是心法。世之所号为众生或人者，实乃色和心两类法集聚一团，假称之曰众生或人耳。今将色和心集聚之一团破作五蕴，众生何在乎？人何在乎？无数物质宇宙均是色法。佛氏将物质破作极微，便无实在的宇宙可说。佛氏厌离五蕴，即是厌离宇宙人生。因此，观察色和心诸法皆是空。）故佛氏之戒定慧三学，其主旨不必是为提高人间世的人生之高尚品格与智慧道德淳备的灵性生活，其主旨三字，一气贯至此。而是欲人之趣向于超脱生死，毁坏世界，别投入不生不灭之乡。余于戒及定，不叙述佛说。此二学如详论，须别为书。余只略抒己意。戒学当先立乎其大，不是头痛医头，脚痛医脚。此圣学真精神，能守之者孟子也。定学，则《论语》"君子无终食之间违仁，造次、颠沛必于是，"及"仁者乐山"、"智者乐水"，凡三章，深参细玩。圣门定学无量义，其根本备于是矣。佛家出世法之定学，由观一切法皆空及无我，而趣入寂灭，始得大定。圣学以不违仁为得定，彻始彻终之实际。此义深广。仁者，天地万物生生不息之德也。人能恒常体现仁德，而绝不令小己之私欲、私意、私见乘机窃发，违背乎仁。即于一切时，一切处，纯是天然生生不息之彝德流行。（彝，犹美也。）不迷不闇，无扰无乱，格万物而通其理，（仁者，胸次澄明，常活活如流水，无有私欲私意私见梗于中。故常以物观物，自然明了物之则。此其所以常有逝水活跃之乐也。）履万变而贞于一。（存仁，以履万变。万变虽诡谲纷纷，仁者内敦其仁，不忧不惧，唯以大正之道御之，则诡谲终有穷，而万变究不得离于正也。故曰贞于一。贞于一者，如山之镇，永无摇动。故仁者常在大定中，有如山之乐。）以圣学之定，视佛氏出世法之定。智者当自辨从违。

慧学在佛教中，实居主要之地位。其哲学的理论，始于研寻，终于成立，是乃慧学之所有事。然佛法本是出世主义的宗教，不由学人自由思辨。佛教规定学习之规程有三：一曰闻。闻者，闻圣言，即专读佛家一切经典。此皆托于释迦所说，而凡为佛教徒者皆笃信而不敢疑也。二曰思。思者，思惟。窥基糅集世亲及十师之唯识论，而断以己意，造作《成论》。在印度佛教最后新兴之唯识学派中，此为大典。窥基为玄奘门下第一人。其于

179

加行位中，加行者，加工而行之谓。位者，修学之位次。此位正是学者由闻之位次，而进于思唯之位次，即研寻哲学思想的时期也。提出思现观，思，何以说为现观，后详。即专力研寻法相和法性的种种理道。余已说在前文。可覆看。佛家虽许学人必须有一大段时期专力于思惟这一位次，学人者，弟子之尚未见道者，名之为学人。而实则学人思惟之自由，不可逾越于佛说的范围以外。佛家小大各宗之一切经典，皆称为佛说。各宗之间，虽不无异同之论，然皆不可违反出世法之根本原理、原则。余在前文未谈及，欲谈即不宜太简。求详则衰病之老人，确无此气力。关于法相和法性之论，余已从其思想和理论的大体系中，寻出纲要，而叙述简明、正确，然后衡定其得失。并且时引《大易》之义，以救出世法之弊。凡治佛学者，必须注意于释迦及后来小大诸宗之巨子，考察其对于法相、法性诸大问题之解决。先哲后贤，究有多少异同，与多少演变之议论，博览而详说之，颇不易。佛书既多，译文太浑简。名辞过繁。空相与幻想之谈，又佐以诡辩之术。读者如无慧眼，即受其玩弄而不觉。此略言其短耳。其长处亦多可喜，此不及论。余谓治古学者，应分两途。一、专作考古之业。二、膺继往开来之任。膺，当也，受也。考古专业，中外名家多矣，毋待余言。继往开来之学，便与考古全不相同。余以为，继往开来，只合就哲学言。哲学家所致力者，要在探寻宇宙人生诸大问题，而勤求解决。否则人生梦梦，如处长夜。虽有知识、技能、名利、权势堪以自娱，而于人生无正觉，于宇宙无正观，究与禽虫无甚异耳。人类思想虽甚复杂，而古今哲学家提出宇宙人生诸大问题，不为少数，亦未尝过多。夫惟大哲，于群生休戚有真实的感触，于宇宙变化有深密的体会者，其发生问题与解决问题,必有以大异于一般肤浅的学问家。此等大哲,求之古代,不无其人。求之后世,闻见广博,知识精密,理论有宏阔之体系,号为一代显学者,实繁有徒。然古代大哲开创之前识,本于内在的智慧,接受外界之投刺,而后有真识生。后之学者,生于思想学术逐渐发达之时与世运变化日出不穷之际。凭借太多,成学自易。广博或杂多之闻见与知识,充塞于胸际,足以蔽其固有天然炤明之性,而正智或真慧莫由启发。此后世显学之徒所不悟也。余于古哲之学,不谓其无错误,但决不敢因其有错误,遂以玩古董之术而治古学。古哲有真见其大,并非一枝一节之长者,吾当扬其造端之功,继续发挥、扩充、推广,待来贤之择善,延大道于无穷。此乃以扶微之意,立创造之绩。故曰继往开来也。吾谈至此,不觉蔓延。今当复续前言。释迦首以缘生说明法相,又别说不生不灭法,为后来大乘空有二宗建立实体者所共宗。凡物,由众缘集聚而生,即无有独立与固定的自体。佛氏所以说色法和心法皆如幻,皆是空,佛氏二宗,至此为句。世间所称宇宙人生,其实只是色心二法之集聚。宇宙如是,人生亦如是。依佛氏之说,色法是由众缘而生,心法亦由众缘而生。缘生故如幻,宇宙人生都非实有。小乘诸部部,犹派也。暨大乘空有二宗,同祖述释迦以缘生说明宇宙。此云宇宙,即含摄人生在内。大乘明明以空教、有教分为两宗。小乘派别颇多,而在学说上之分歧,亦不外空有二途。小有演变成为大有。小有者,小乘中众派之共持有教者也。大有,即大乘有宗。小空演变成为大空。小空者,小乘中众派之共持空教者也。大空即大乘空宗。小大各分空有两派,虽复共守释迦缘生之论,而于大同之中,彼此都有小异。小有与小有互相非。大有源出于小有,而极不满于

181

小有。小空颇不一致。大空源出于小空,而斥责小空犹有法执在,其谈空不彻底。空教至于大空所宗之《大般若经》,说"涅槃如幻,如化,设复有法过涅槃者,我说亦复如幻如化"云云。大乘说涅槃即法性之名,亦即释迦所谓不生不灭法,后来大乘所谓真如是也。据此,则涅槃空到无所有。不独法相皆空,而法性亦空得尽尽。尽尽连言之者,谓其空到完全无所有。易言之,即不生不灭法,或真如,毕竟空空。空而又空,曰空空。岂不怪哉?《大般若》谈空,不独以小空为非,即释迦之空,亦是其所甚不满也。释迦建立不生不灭法,是为法性,未曾空法性也。然彼经彼指《大般若》。六百卷,其说甚诡,而不一致。有时斥责溺于空见之徒,为燋芽败种,有时又说观空不证。虽观空,而不可执着空的知见,曰不证。彼自以为玄妙至极。而既已空到尽尽,乃又云不证,又斥燋芽,是又否定其空空之论。空与不空,两端皆不可成立,戏论而已。佛教无论何宗,一致专崇《大般若》为群经之王,诸佛之母。余于大乘谈空说有之诸大菩萨,只合存而不论。或曰,谈空所以破执。余曰,破执要在破除自心之迷妄与主观的错误,何至将色心诸法或宇宙人生,破得幻而又幻,空而又空,如是其妄哉! 一往破执,正是狂昏的执。中国人受佛教之毒,一向盛赞佛菩萨破执,岂不惜哉! 三事,思现观一词,见《唯识述记》卷五十五。《述记》云,"现谓现前",当前之境,曰现前。"明了现前",明了当前的事物。"观此现境,故名现观"云云。按现观之名,本于因明学。因明创于外道,佛家承而研究之,遂有佛家一派之因明学。现观,即因明学所谓五识现量。由今言之,即纯粹的感觉。如眼正见色时,无有记忆、想像、推求等等作用。而眼识明了现前的色境,未曾于色境有所分别，而实冥然亲证色境，是谓明了现前。因明学只就五识说现观。_{注意。}佛家却将现观推广到佛家哲学理论中去，将意识的思唯亦说为现观。此何故欤？_{问也。下答。}佛家以为，凡夫的思想，总是虚妄的分别，与理道不相应合。学佛的人则不然，他起思惟时，_{他，指学佛的人。}便舍去虚妄分别，而明证一切理道都显现于当前，是谓明了现前。佛氏此说，只因学佛的人一向在闻的位次中，已将佛说的理道玩得烂熟。今进入思的位次。早有佛说先入为主。所以说为现观。又前说闻思修三种位次，余只说闻思二位，而修则不及谈。又复应知，佛氏之慧学只是出世法之慧。若以孔子之道衡之，安知其非惑欤。然佛氏说三界如火宅，人生常在颠倒中，即专从坏的方面看人生，而欲毁生命、毁宇宙。大雄无畏，实修其所愿，可谓僻而奇矣。佛氏之思想，亦是人类思想界之非常变态，有感于宇宙人生的大缺憾而出此。惜乎不闻《大易》裁成天地、辅相万物之大道也。